| 光明社科文库 |

现代汉语词语内部形式研究

王吉辉◎著

光明日报出版社

图书在版编目（CIP）数据

现代汉语词语内部形式研究 / 王吉辉著. -- 北京：光明日报出版社，2019. 4

（光明社科文库）

ISBN 978 - 7 - 5194 - 5270 - 4

Ⅰ. ①现… Ⅱ. ①王… Ⅲ. ①现代汉语—词语—研究 Ⅳ. ①H136

中国版本图书馆 CIP 数据核字（2019）第 081574 号

现代汉语词语内部形式研究

XIANDAI HANYU CIYU NEIBU XINGSHI YANJIU

著　　者：王吉辉

责任编辑：许　怡　　　　责任校对：赵鸣鸣

封面设计：中联学林　　　　责任印制：曹　净

出版发行：光明日报出版社

地　　址：北京市西城区永安路 106 号，100050

电　　话：010 - 63131930（邮购）

传　　真：010 - 63131930

网　　址：http：//book. gmw. cn

E - mail：xuyi@ gmw. cn

法律顾问：北京德恒律师事务所龚柳方律师

印　　刷：三河市华东印刷有限公司

装　　订：三河市华东印刷有限公司

本书如有破损、缺页、装订错误，请与本社联系调换，电话：010 - 67019571

开　　本：170mm × 240mm

字　　数：193 千字　　　　印　　张：15

版　　次：2019 年 8 月第 1 版　　　　印　　次：2019 年 8 月第 1 次印刷

书　　号：ISBN 978 - 7 - 5194 - 5270 - 4

定　　价：85. 00 元

序

提起笔给吉辉的新书稿写序，一字未下，竟忆起展读吉辉第一篇文稿时的感觉。那是他在南京师范大学本科快毕业时写成的毕业论文，寄来给我看的。除了幼稚、学生腔和字迹比较潦草，我还感到充溢着研究语言现象的热情和自信。正是由于后面这种感觉，我很快给他回信，鼓励了几句，也提了些修改意见。这件往事已过去17年了。物换星移，如今展读吉辉书稿的感觉是翻天覆地般迥然大异的。他的治学能力和研究水准，提升幅度之大，实在令人惊讶。

从本科毕业论文稿到1991年答辩的硕士毕业论文，再到眼前这篇博士学位论文，吉辉在学识素养和论析能力上，都实现了很大的提高，跨越了好几个台阶。这并非经历硕博两段研习过程，就自然而然可以做到的，主要还是得益于他一贯勤奋，专心治学，既踏实苦干，又善于思考。其中善于思考可能起了最大的作用。他的思考方式，首先让人明显感到的一个优点，是全面、绵密，讲求论据的充实、可靠和论证的逻辑性。其次，不那么使人察觉的、我却早就体会到的长处，是比较审慎，并在稳妥的前提下求新，本着已知的真理去探寻新的真理。这也可以说是他思考方面的特色。当他领悟到导师的基本思想观点真正合理时，就确信不移，坚持用它来观照其他现实对象，来开拓新的境界，并回过头来丰富、发展它。绝不会像有的学者那样，为求凸显个人特色而背离正确的观点、方向，编造难以成理之说，走一条自以为独特的、其实是险恶不通的路径。

这种思考方式的优点和特点，在新著《现代汉语词语内部形式研究》中就已经充分体现出来了。比如，关于词的内部形式的性质，存在几种不同的说法。他认定我的观点较为合理，书中始终坚持这种倾向；同时，对其他各种观点详做评析，并部分地有所借鉴。这就充实了我过去较为粗略的定性，也增强了它的力度。20世纪80年代，我在《中国语文》发表的那篇关于内部形式的论文，虽有创新，对涉及的现象和问题却谈得比较简略，表述出的只是纲领性的东西。而今吉辉不仅把我的思想观点阐发得更透辟有力，而且极好地发展了它，大大丰富了它。拿内部形式的分类来说，我过去只提出两种不同角度的分类。吉辉却在这两种分类之外，增列出五种不同角度的分类来。观察现象、考察问题的周详细致程度，着实让我惊讶。传统上只在词的范围内谈内部形式，这已不再适应于学科发展的现实，需要突破，但是我在拙著里仅提出也存在固定语的内部形式，并没有具体展开实例。吉辉现在论及固定语的内部形式，却是把它与词的内部形式同等对待，做了深入的考察。可以说，他对固定语内部形式的全面分析是从未有人做过的，是很见功力的垦荒，大大拓展了内部形式的观察范围，高度丰富了内部形式研究的内容。拙著没有描写固定语内部形式的缺憾，当然也因此而得到弥补，这是我极为欣慰的。

内容创新的表现还远不限于此。本书分章节细论内部形式的产生与表述、各类词语内部形式的特点、内部形式与词汇系统的关联，又详析社会文化对内部形式的影响，这些全是创造性的发掘。这些内容无一不是客观有据、条理清楚的论议，无一不体现立足于正确观念而出新的稳健作风和创新精神。

本书的出版，相信就像一石投入平静的小湖，会激起层层水波，引发活泼生气。语义现象和问题的深入研究，会由此受到莫大推动。从这种影响作用来看，是特别值得向本书的作者致贺的！

刘叔新

2004年秋写于南开大学龙兴里教师住所

目　录
CONTENTS

第一章　引　言

一、关于内部形式

内部形式是词语展现自身意义的方式，是词语意义在最初形成时反映对象特点所采取的形式。比如，“补白”的“报刊上填补空白的短文”这一意义，便是通过“填”的“填补”义和“空”的“空白”义合在一起的“填补空白”将它表现出来的，“填补空白”就是该词在意义最初形成时用以支撑它存在的关键，是内部形式。

内部形式相对于词语的外部形式即“音流形式和构造形式”（刘叔新 1990）而言。那种将词语在语言系统中所表达的概念意义当成相对于内部形式的外部形式的意见（付有杰 1997），不能认为正确。

二、内部形式研究回望

内部形式作为语言学术语，它的提出并不算晚。德国语言学家威廉·冯·洪堡特在其《论人类语言结构的差异及其对人类精神发展的影响》中的一段对与词语有关的概念形成的阐述，则被当成是对词的内部形式问题的最早说明。“每个概念必须与它本身固有的特征或与其他相关的概念保持内在的联系，同时，分节意识要为每个概念配置表达的语音。甚至对外在的、物质实体的、直接通过感官知觉到的事物来说，也是如此。在这种场合，词也并不是浮现在感觉面前的某个事物的等价品，而是语言创造力量在发明词语的某个特定时刻对这个事物的理解。这正是造成同一事物可以有许多不同表达的主要源泉。比如在梵语里，大象有时叫作‘饮两次水的’，有时叫作‘双齿的’，有时又叫作‘用一只手做事的’动物，尽管指的是同一事物，却表达了各种不同的概念。事实上语言从不指称事物本身，而是指称事物的概念，这种概念是由精神在语言创造过程中独立自主地构成的。”（1997：104）但是，以内部形式为专门对象进行研究却不很多见。这种情况国内外学术界皆然。

在国外，叶尔姆斯列夫提出的“内容形式”与洪堡特的“内部形式”思想十分类似。冯志伟（1987），叶氏（1953）主张将语言区分成内容平面（content plane）和表达平面（expression plane），而这两个平面又可以进一步区分出实体（substance）与形式（form）两个部分，即内容实体（content substance）和内容形式（content form），表达实体（expression substance）和表达（expression form）形式。作者此处提出的所谓“内容形式”，实际上用以说明特定语言对现实世界的分割。“由于有了内容形式和表达形式，而且只是由于有了它们，才分别有了内容实体和表达实体，这两种实体是以形式在意义上的投影出现的。正如一张张开的网，把它的影子投射在完整的表面一样。”（乔利奥·C.莱普斯基 1986：73）关于这一点，从其所举出的例子能看得更加清楚一些。作者认为，同是指称“手”与“胳膊”的部分，英语和俄语的切割方式就很不相同。英语将其切割成两部分，分别用 hand（手）和 arm（胳膊）两个词来加以称说，可俄语中的情况却不是这样，只将这两部分当作整体用语言中的一个词 рука 来指称。

在国内，先不论各家在内部形式理解上的不同，单就说采用内部形式这一术语来研究的论著实际上相当少。自研究以来这方面的成果有：张永言的《关于词的“内部形式”》（《语言研究》，1981：1）、王振昆的《词汇的规范化与词的内部形式》（《汉语学习》，1983：4）、刘叔新的《汉语复合词的内部形式的特点与类别》（《中国语文》，1985：3）、周光庆的《成语内部形式论》（《华中师范大学学报》，1994：5）、邹玉华的《论词的内部形式与社会文化》（《解放军外语学院学报》，1995：5）和《试论词的内部形式及其文化价值》（《湘潭师范学院学报》，1995：5）、李杏华的《〈世说新语〉双音复合词内部形式反映对象特征类分》（《古汉语研究》，1996：3）、王艾录的《外来词的内部形式倾向》（《世界汉语教学》，1998：3）、党静鹏的《汉语复合词内部形式与词义之间关联的考察》（《语言学论辑》，第4辑，2002）等。此外，像张永言的《词汇学简论》（华中工学院出版社，1982）、刘叔新的《汉语描写词汇学》（商务印书馆，1990）及其主编的《现代汉语理论教程》（高等教育出版社，2002）、张绍麒的《语词符号结构探索》（山东教育出版社，1992）和《汉语流俗词源研究》（语文出版社，2000）、王艾录与司富珍合著的《汉语的语词理据》（商务印书馆，2001）等专著，其中有专门章节或少部分内容不同程度地涉及内部形式。

然而，与内部形式相关、相似的一些语言现象，或者大大地早于它而为社会广泛注意，比如词语的“得名之由”即理据，或者能受到学术界的切实重视而着力加以考察，比如词义与语素义的关系等。

1. 理据研究

理据（motivation）即通常理解的得名之由，它说明为什么某个词汇单位自然地具有它现在的意义，或者说明为什么某个特定意义用某个词语项来表达就要比用其他词语项表达要更自然或者更合理。

古人很早就已经有关于名物问题的认识并出现两种完全对立的观点。古希腊的赫拉克利特、苏格拉底、柏拉图、伊壁鸠鲁等主张本质论，认为名称和事物之间具有内在或自然的联系，名称取决于事物的本质。这种观点遭到了以古希腊的德谟克利特、赫尔摩根以及亚里士多德等人的反对，他们认为名称和事物之间没有内在或自然的联系，名称取决于人们的协商、约定习惯或规定，主张规定论。我国早在先秦时期，就出现了名物问题上的朦胧认识。《论语》中有“政者，正也”、《孟子》中有“校者，教也”的说法。汉朝刘熙提出“名之于实，各有义类”的思想，把孔、孟的这一套方法大量地用来“释名”，比如，“颊：夹也，两旁称也”；“衩：叉也”；“涧：间也”；等等。看来，孔子、孟子、刘熙等大体上倾向于本质论。而老子、墨子、杨朱、荀子等则倾向于规定论，这其中尤其是荀子，常被当成是规定论的代表：“名无固宜，约之以命，约定俗成谓之宜，异于约则谓之不宜；名无固实，约之以命实，约定俗成谓之实名；名无固善，经易而不拂谓之善名。”①不过，此后的学者一般还都是遵循循音责义的思路来找寻词语的理据。宋代王圣美主张“右文说”，认为“其类在左，其义在右”，清代王念孙提出“引申触类，不限形体”等，对音义之间的可论证性做出了理论上的概括与分析。此外的不少学者具体探讨了音义联系的具体状况，这当中较为有影响的有：清代瞿灏的《通俗编》、段玉裁的《〈说文解字〉注》、王念孙的《广雅疏正》、王引之的《经义述闻》等；近人刘师培的《物名溯源》《物名溯源续补》、章太炎的《文史

①李葆嘉先生发表《荀子的王者制名论与约定俗成说》（《徐州师范学院学报》，1986，4）一文，对《荀子·正名》中“名无固宜，约之以命，约定俗成谓之宜，异于约则谓之不宜；名无固实，约之以命实，约定俗成谓之实名；名无固善，经易而不拂谓之善名”的意思进行了重新诠释，指出这一段话的原意应该是：名（相当于索绪尔的能指，符号的形式部分）没有固然的适宜，王者规定给事物命名，这种确定了的名让民众相效推行，这样的名就适宜；反之，有背于这种规定就是不适宜。名没有固定的实（相当于索绪尔的所指，符号的内容部分），王者确定其含义，审定过的名在民众中相效推广，这样的名才叫作有确定含义的名。名没有天然的贴切，只要明白无歧义，不违背含义，这样的名就叫作贴切的名。此备一说。

叙例》、梁启超的《国文语源解》、杨树达的《字义同源于语源同例证》等；今人王云五的《新名词溯源》、张维思的《语源蠡测》、俞敏的《古汉语里的俚俗语源》、［瑞典］高本汉的《汉语的词族》、王力的《同源词典》等。

在索绪尔主张音义之间没有自然的或内在的联系、提出“能指和所指的联系是任意的”（1980：102）观点之后，引发了音义任意性与理据性的争论。B. A. 兹维金采夫（1981）则反驳了索绪尔的音义任意性观点，指出语言永远是由可论证的要素构成的体系，从而对语言的研究要以这种可论证性为基础，认为语言符号的任意性命题在实践上没有任何意义。国内学者中李葆嘉（1994a；1994b）连续撰文阐述音义的可论证性，明确地指出：“不能论证的语言是不存在的，一切都可以论证的语言，在理论上是存在的。”（1994b）

也有不少学者采取折中的意见。布达哥夫（1956）认为，语言符号在它的初级形式（语音、部分词素）里，一般是无理据的，但在其高级表现形式（词）中，则是趋向于有理据的。许国璋（2001）指出，文明社会时期创造的新词新语，就不再是任意的了，而是立意的了，甚至即使是民间任意创造的词，也有语言文字学家赋予有理可据的形态了。因此可以说，原始时期的语言符号是任意的，部落社会时期是约定俗成的，文明社会时期是立意的，如果说语言有任意性的话，那也是限于原始时期，在此以后就不再是任意的了。

不过，现在越来越多的学者并不主张将它们两者截然对立起来看待。英国的乌尔曼（1962）主张，语言符号的任意性是绝对的，有理据性是相对的，并着重论述了相对性。作者还根据理据联系的对象而将它分成“语音的”“形态的”和“语义的”三类，认为拟声词具有语音理据，派生词或复合词具有形态理据，借助词的基本语义的引申和比喻取得语义理据的词具有语义上的理据。石安石（1989）认为：“语言符号的任意性普遍存在，可论证性大量存在，都是事实。只是各有各的内容和范围，并行不悖。承认符号的任意性和可论证性，并不以牺牲对方为代价。任意性是语言的基本属性，可论证性也是。”孙力平（1987）也提出：“一切语言符号自始至终都是任意的，其音义之间的自然联系是不可论证的；一切语言符号又都是有理据的，其所以会成为这样而不是别样是可以论证的。语言符号就是任意性和理据性的统一。”孙氏（1999）对任意性、理据性做了进一步的说明，指出任意性是针对能指和所指的必然联系作出的否定论断，其准确含义只能是能指和所指之间没有必然的联系；可论证性是针对能指和所指的已然联系作出的肯定判断，其准确含义是这种已然的结合有一定的来源。与石安石、孙力平等持相似意见的还有张绍麒（1992）、许光烈（1994）等。

索绪尔音义任意性的提出以及音义任意性与词语理据性之间的讨论再度引起社会对词语得名之由探讨的兴趣，并且把研究目光转向现代汉语词语。孙常叙（1957）曾指出：“新词的命名不是和它所标志的事物毫无关系的。叫作‘自行车’‘脚踏车’，叫作‘取灯’‘洋火’‘火柴’是有它的缘由的。”（69）张永言（1981）将词的理据称之为“内部形式”，认为“指的是以某一语音表达某一意义的理由或根据”。张志毅（1990）根据理据联系的对象而将它分成“自然型”“习惯型”“自然兼习惯型”，后来又增加了“词汇间和语言间关系理据”（2001：44）。严辰松（2000）认为，语言理据可以十分明确地分为两大类，一类是外部理据（external motivations），具体包括拟声、拟象、临摹理据和省力理据等，而内部理据（internal motivations）主要是指形态的、语音的和语义的。许光烈（1994）立足于汉语，对汉语词的理据进行了分类，得出的类型有摹声、语源型、特征型、替代型、典故型、简缩型、禁忌型等。汉语词语的理据方面，要数王艾录用力最勤，他不只连续撰文（1994；1998；2001；2002）从理论上对词语理据做出阐述，而且还编辑有《汉语理据词典》（1995）、《现代汉语词名探源词典》（2000）等。

只是，历时的理据研究与我们所说的内部形式不同，后者则是共时的（详见第二章“内部形式与理据”）。

2. 词义与语素义的关系研究

美国的维多利亚·弗罗姆金、罗伯特·罗德曼（1994）把复合词与其构成成分意义之间的关系归为两类。一类是“复合词的意义至少在某种程度上包括其各组成部分的意义”，它们的意义“是可以推知的”（147），比如 redcoat（英国兵）、bedchamber（卧室）、bedside（床边）、bedtime（就寝时间）、bedclothes（床上用品），另一类是“似乎与其组成部分的意义毫不相干”（147），比如 highbrow 的意思是“自以为有高度文化修养的人”，而不是“高额头”；bigwig（名人、要人）也并非得有一个假发套；egghead（知识分子）并不长着一颗鸡蛋形的脑袋。因此他们建议，“许多复合词的意义必须当作单个的词来学”（147）。

国内的学者中，崔复爰是较早的一位。他（1957）说明了联合式合成词的结构和意义之间的关系有不同的情况：①有的是两个词的意义加起来，如“广大”“爱护”等；②有的是其中一个词的意义，另一个词像是配搭，如“美丽”就是“美”，“丽”的意义不起什么作用；③有的转变成另一意义，原来的意义还存在一点，如“矛盾”变成“冲突”的意义，原来“矛”和“盾”的意义还存在一点；④有的转变成另一个意义，原来的意义完全没有了，如“东西”变成物体的意义，原来“东”“西”指方向的意义完全没有了；⑤有的只剩下其中一个词的意义，另一个词的意义不存在了，如“国家”只有“国”的意义，“家”的意义不存在了。符淮青（1985）分析了语素义同词义之间的种种关联，他将语素义同词义之间的联系具体分为五种：语素义直接地完全地表示词义，比如“哀伤”等；语素义直接地但部分地表示词义，比如“平年”等；语素义和词义是间接的联系，词义是语素义的引申、比喻义，如“铁窗”等；部分语素在构词中失落原义，如“忘记”中的“记”等；所有的语素的意义完全失落，语素的现有意义同词义没有联系，如“东西”等（175）。对此有所研究的还有一些著作，例如，朱星的《汉语词义简析》（湖北教育出版社，1985）、徐青的《词汇漫谈》（浙江人民出版社，1983）、曹炜的《现代汉语词义学》（学林出版社，2001）、马清华的《文化语义学》（江西人民出版社，2000）等。

从构成成分意义的角度来观察它们与所在单位意义之间的关联状况，确实能得出词义形成的根据，从而指导社会对词义的理解与把握，但这仅适合于其中的一部分，比如“广大”“爱护”“悲伤”等；而如“园丁”中的“园”“丁”的意义之于“教师”，“桥梁”中的“桥”“梁”的意义之于“能起沟通作用的人或事物”，等等，是没有任何的关系的——它实际上需要将构成成分的意义组合在一起，而后再凭借着联想才使得它们与所要表达的意义发生关联。纯然从构成成分的角度去挖掘它们与词义的联系，显然很难得到令人满意的阐释。

3. 内部形式研究现状与反思

内部形式应该有其专门的科学内涵，需要通过分析能够将它与相邻的概念区分开来。这一点，学术界做得难尽人意，表现在“内部形式”“理据”等概念之间相互混同的情况十分严重。自古以来，人们主要探究的是对象的得名之由，大量分析的是“名实”或“名义”或“音义”等之间的关系，社会因此对理据的概念十分熟悉。然而，理据通常是对词语命名的历时探源，与“语言创造力量在发明词语的某个特定时刻对这个事物的理解”（洪堡特）的内部形式，分明不是一回事。要想构建内部形式的有关理论，彻底弄清楚它同“理据”等相邻各有关概念之间的区分就显得很有必要。

内部形式的研究，似乎形成一条不成文的规定，都是针对“词”而开展的，而且，就是词的内部形式问题，研究也基本上只是面上的，局部的，一般只涉及双音节的复合词，远没有就此中的其他类情况进行全面的分析。诚然，“词”的意义存在内部形式，但与“词”等价的“固定语”，它们也同样存在着自身的内部形式，同样具有极高的描写价值。为此，刘叔新指出：“从理论上说，固定语的意义也可以有类似的内部形式”“深入研究成语的‘内部形式’，是很有意义的。”（1990：230）其后只有周光庆（1994）一位学者对成语的内部形式第一次尝试着做了分析。研究对象过于狭窄导致社会不能全面了解汉语词语内部形式的全貌以及表现出来的规律，不能通过研究使内部形式在现实词语意义表达中的作用得到充分的发挥。因此，拓宽内部形式的研究范围今天看来已很紧要。

内部形式与所在单位意义之间关联状况的揭示，是内部形式研究的重要内容。刘叔新（1985）从研究一开始就注意到这一点，首次区分出“表实质的”和“表征的”两大类，就复合词内部形式与意义的关系做了概括性的勾勒。党静鹏（2002）在其老师研究的基础上，重点对“表征”类复合词的内部形式与意义之间的联系进行了具体细致的描写，初步揭示了内部形式与单位意义之间错综复杂的关联面目。其实，刘氏、党氏撩开的还只是彼此关联复杂性之冰山一角。就拿较少得到开垦的成语来说，“其‘内部形式’同真实意义的差距是相当大的，相异的程度比‘喻指’的复合词为甚。”（刘叔新 1990：230）加之，内部形式自身的变动对所在单位意义造成的种种影响，使得彼此之间原本已很复杂的关联更为复杂。因此，内部形式与所在单位意义之间的关联可继续探求的内容还有很多，须大力地加以挖掘。

此外，内部形式所蕴涵着的文化学价值，由内部形式而折射出一个民族在认知上的特点、规律等，也都是内部形式研究中不能忽视的部分。

4. 研究对象与范围

内部形式作为共时的概念，考察它须得有明确的研究对象和范围才合理。总体上，本书将有关词语内部形式的研究限定在现代汉语的范围之内。更进一步的具体说明大略包括如下几个方面。

（1）词语得是现代汉语共同语的，像“教师”“人民”“革命”“同志”“代表”“开后门”“诸如此类”“一五一十”“草木皆兵”“木头眼镜——看不透”“老鼠过街——人人喊打”等。方言词语当然也存在内部形式，比如湖南祁阳将“白酒”称为“火酒”，内部形式十分形象，“如火可以燃烧的酒”；湖南东安管“太阳”叫“热头”，内部形式着眼于对象的炽热；湖南新化一带把“荠菜”称作“喜菜”，着眼于认识上的情感——为人所喜爱；等等（罗昕如 2000）。鉴于它们并没有进入共同语词汇，是以没有把它们列入讨论范围之内。这同样适用于纯然是古代的词语像《世说新语》中的“总角”“层城”“轩冕”“把臂”“卞舞”“芝兰”“焦饭”“震雷”“龙章”“毛扇”“箕踞”等（李杏华 1996），或纯然是近代汉语的词语像“性紧”“恶发”“知府”“点汤”“行散”“纳败”“发业”“落节”“家乘”“捏合”等（蒋冀骋等 1997）。

（2）有些词语的内部形式需要经过专门的研究和探索才可能被挖掘出来，比如“逍遥”，经过考证，它是靠“消受着，（身体）晃动着”来展现“自由自在”这一意义的（刘叔新 1990）。又比如“康庄”中的“康”与“庄”，原先都意指宽阔的道路。《尔雅・释宫》：“一达谓之道路，二达谓之歧旁，三达谓之剧旁，四达谓之衢，五达谓之康，六达谓之庄，七达谓之剧骖，八达谓之崇期，九达谓之逵。”“康庄”因此具有“宽阔平坦的大道”的意义。再比如“深奥”中的“奥”，原本是古代宫室西南角的专称。《尔雅・释宫》：“西南隅谓之奥。”《释名・

释宫室》："室中西南隅曰奥，不见户明，所在秘奥也。"若不做专门的探索，"逍遥""康庄""深奥"的这种内部形式确实很难为现今社会的人们察觉到。立足于现代汉语则完全可以认定，它们的内部形式已经全部或部分消失掉。换言之，经过深入挖掘而寻获的这些内部形式都只能属于古代汉语，不在现代汉语内部形式的研究范围内。不过，对于像"推敲""矛盾""东道""知音""涂乙""滥觞""泰斗""春晖""刀笔""说项""喝墨水""敲竹杠""负荆请罪""结草衔环""四面楚歌""草木皆兵"等词语的内部形式，虽然不能为社会中的广泛成员所掌握，但毕竟无须做专门的探源就能为社会中具有较高文化的人所了解。它们的内部形式可以看作是现代汉语中的语言事实。

（3）外语词语存在着的内部形式，不能因为它们被音译、意译或仿译过来而想当然地当成是汉语系统的内部形式。比如 microphone，英语中的内部形式由 micro 的"扩大"的意义与 phone 的"声音"的意义合于一起形成，为"声音放大器"，可这并不意味着音译 microphone 的"麦克风"也具有这样的内部形式。再比如 telephone 的内部形式凭借 tele 的"远"的意思和 phone 的"声音"的意思来展现，而音译它的"德律风"不能据之而也存在内部形式。外语词语的内部形式是外族语言的，不与汉语共属同一个语言系统，不能当作现代汉语外来词的内部形式看待。外来词的内部形式只能根据进入汉语后外来词自身的实际状况来对它们可能存在的内部形式作出判断（见第四章"外来词的内部形式"）。

（4）内部形式直接展现出来的通常是理性意义。虚词是语法性质的，自身的意义业已虚化是它们的共同特征。对于像"关于、对于、打从、自从、即使、既然、尽管、宁可、尚且、虽然、与其、只要、然而、否则、可是、但是、况且、所以、因此、因而、并且、还是、只有、因为、由于、不论、于是、可见、以便、似的、而已、罢了"等语法意义凸现的单位而言，它们是通过什么样的内部形式展现过来已经非常不清楚，讨论时不妨将它们置于一边。而对于像“按照、根据、经过、通过、依照、犹如、遵照、及至”等介词，由于还都同时兼有动词的性质，可以纳入内部形式的研究中。

5. 研究价值与意义

词语的意义是词汇学、语义学都十分关注的内容，学者们借助不同的方法对它们的表达以及构成等进行了多角度的研究，取得了不少成果。从内部形式的角度探讨词语意义被如何展现出来，这便是词语意义研究深入的具体表现之一。徐通锵（1997）曾分析过理据在语言研究中的重要作用，指出语言研究的基本任务就是要弄清楚编码的理据，因为理据是现实规则的反映，是语言规则的语义基础。徐氏此处所论虽只涉及理据，但由此也能约略地看出词语内部形式在语言特别是在语义研究中的重要位置。内部形式研究的价值与意义主要有以下两个方面。

（1）能有助于社会更好地理解词语的意义和更有效地揭示词语的意义。

内部形式旨在关注词语的意义是通过什么样的形式来表现的。了解词语的内部形式，就好比控制住了词语意义的“源头”，相当于抓住了意义的“纲”，顺着“源头”，沿着“纲”就能一步一步地找寻到词语的意义。掌握内部形式意味着从更深的层面上把握住了词语的意义，由此不但清楚了词语的意义是什么，而且还可以对词语意义之所以成为“这样的一个”而不是“那样的一个”有较为清晰的认识，从而加深对词语意义的理解。这不仅有利于母语学习者掌握、扩大词汇量，而且同样有助于第二语言习得者学习汉语的词汇及其意义。

（2）有利于揭示语言与文化之间的复杂关联，有利于探究隐藏于词语内部形式背后的认知上的某些规律。

词语的内部形式虽说与所反映客观对象的特征密不可分，然而，客观对象可能具有多方面的特征，社会究竟取用哪个特征作为构成的依据，却是受到人们所处社会文化背景的制约的，与一个民族的社会心理、道德观念、宗教意识以及认知方式等联系紧密。它们相当大程度上是民族文化的产物，并且已经被深深地烙上民族文化的印记。内部形式深入揭示的最底层，更多透出来的是一个民族的文化、思维习惯和认知上的规律等。

此外，内部形式研究还有助于进一步完善词典的释义，使社会在“知其然”的基础上还能做到“知其所以然”；也有利于揭示词语意义之间的组织关系等。

第二章　内部形式的性质与类别

一、内部形式的性质

洪堡特在分析同一事物之所以可以有不同的表达时指出，这是因为，“词也并不是浮现在感觉面前的某个事物的等价品，而是语言创造力量在发明词语的某个特定时刻对这个事物的理解”，并以梵语中大象可称作“饮两次水的”“双齿的”“用一只手做事的”这种情况为例进行了具体说明。只是，洪氏缺乏从理论上对内部形式的性质做出更进一步的阐述，这使得该问题长期以来始终模棱两可，学者们更是各有理解和主张。

（1）布达哥夫从语音和语义关系的角度来分析内部形式，指出词的内部形式说到底就是词的音与义结合的理由和根据，是能够用来解释和说明事物的“得名之由”的。“用词表达概念的方式，词的声音外壳及其最初意义之间联系的性质，就叫作词的内部形式。”（1956：51）国内持类似观点的学者不在少数。张永言（1981）指出：“所谓词的内部形式，又叫词的词源结构或词的理据，指的是以某一语音表达某一意义的理由或根据。”付有杰（1997）认为，“给一个事物或现象的命名，又总是在已有的语言材料和构词方式的基础上进行的。也就是说，把某物呼之为某名，总是有所依托，因而词语的形式和意义往往又不是任意的。在语义学里，构成一个词的依据称为‘词的理据’，或叫‘词的内部形式’，通俗的说法就叫‘得名之由’”。

内部形式与理据，各有不同的内涵，它们是分属不同研究领域内的两个不同的概念。混同这二者，必然会模糊内部形式自身的本质特性，难以认为合理、正确（见本章“内部形式与理据”）。

（2）王艾录（1994）原先主张将词的理据看成词的内部形式，认为它“指的是词音表达词义的理由或根据，词义发展的逻辑依据和词内诸语素之间的深层语义关系。”王氏虽主张强调理据与内部形式理解上的等同，但于实际理解中还是部分地点出了近似于内部形式的内容——“词内诸语素之间的深层语义关系”。近来，他在先前有关认识的基础上做了较大的修改，指出（1998）“所谓内部形式，就是合成符号的语法结构和语义结构的总和”。这里，王氏摆脱了从音义角度分析内部形式的思路，改由直接从词语结构的角度来分析，较之于以前无疑是前进了一大步。将语法结构纳入内部形式并作为其有机的一个组成部分，作为一种研究和探讨，当然没有什么可指摘的，只是，与这种内部语法结构形式相对的外部语法结构形式会是什么呢？作者（1998）文中曾举出实例对这种内部形式进行过说明，如一种用瘦肉制成的绒状或碎末状食品叫作“肉松”，汉语采用了偏正（肉制，松绒毛状）的内部形式，从质料和形状方面表现该食品的特点。“公主”的内部形式是主谓（帝王嫁女，公侯主婚），从帝王嫁女时的主婚角色来反映人物的特点。姑且照着作者所说，认为“偏正”“主谓”等分别是“肉松”“公主”的内部形式（更准确地应该是内部语法结构形式），接下来的问题便是，通过这种内部形式将要展现出来的语法结构形式会是什么样的呢？作者文中并没有给出明确的答案。其实，语法结构是就构成成分之间的语法关系来说的，其本身并不存在还会是另一个什么的内部形式问题。

有些词语构造之初所采用的语法结构形式，由于词语意义的变化而不再为当今社会的人们所觉察，现在的人们往往根据它们改变了的意义来重新判断构成成分之间的结构关系，由此造成了同一词语古今语法结构上的差异。比如“冬至”，其中的“冬”和“至”各以名词的身份参与结构组成，结构上是偏正的，“冬”修饰“至”，为“冬天的极至”之义。可现在“冬至”一般理解成“冬天至（到）了”，结构上随之变成了主谓的关系。即便如此，也不能说“偏正”是“主谓”的内部语法结构形式，原因在于，这两种语法结构关系并不共现于当今社会——社会多半会据其中的某一种语法关系来对它的结构做出分析。

再说，像“肉松”“公主”等复合词内部的结构关系纯粹是词汇性的，不存在语法上的结构关系。“句法结构充其量只在复合词的大部分结构格式中有个模糊的投影，决不应把这比喻性的模糊影子看作实质。”（刘叔新 1990：78）因此，所谓内部的语法结构形式就更无从谈起。

此外，作者将内部形式限定在“合成符号”的范围当中，这也未必符合语言事实。单音节的象声词如“砰”“哗”“咚”“铛”等，它们都以自身对某种客观对象声响的模仿而展现出表示某种声音的意义。这能说它们不具有内部形式吗？（见第四章“单纯词的内部形式”）

（3）张绍麒结合语词符号结构上的语言·言语二重性质，对什么是词的内部形式做了全新的诠释。他指出，作为一个符号，它需要从两个不同的方面与客观世界联系着：组成能指的物质对象和这个对象所标示的它之外的客观事物。他认为语词符号与客观世界相联系的两个方面是言语的，而对这两个方面的组织是语言的。“从这一立场出发，语词符号的结构似乎应这样去理解：语词符号是由能指和所指两部分组成的，能指既不是单纯的物质声音，也不仅仅是声音的心理映象，它是个复合体，这个复合体的最外层是具体的实在的语音，我们可以称它为语词符号的外部形式；能指的内层是一套复杂结构，我们称之为内部形式。语词的内部形式包含有内部语音形式、内部语义形式和内部组合形式。”（1992：34－35）“语词符号的能指实际上是个复合体，它既包括作为语词符号物质外壳的具体的音素，我们称之为语词符号的外部形式；又包括体现语言系统规定性，决定和制约这些具体因素的内部形式。”（1992：28）看来，论者此处的外部形式性质近同言语，是能指中言语性的部分，但并不就是言语；所指说的内部形式性质上更接近于语言，是能指中属于语言性质的东西，但并不就是语言。恐怕正是因为如此，论者认为：“组成能指的外部形式和内部形式的关系是相互依存的，是表现和被表现的关系。外部形式是内部形式的物质表现，内部形式决定外部形式的存在形式。”（1992：34－35）

语言和言语的划分是语言理论中的一个重大问题，它牵涉到语言研究的诸多方面。张绍麒将有关语言和言语问题的认识引入到内部形式的理解上来，在重新审视语言和言语划分的基础上，对内部形式作出别样理解，这种探索精神应该得到提倡。作者多次强调“内部形式决定外部形式的存在形式”，而且细致分析了内部语音形式对外部形式的制约作用：（内部形式）是“通过语音而定形的，它的语音形式规定了整个语词符号的语音形式，这种规定既包括语词符号对本语言音位系统成员的选择和音位组合规则的限制，又包括特定音位对声音物质化时范围的划定”（1992：27）。不过，内部语义形式和内部组合形式如何“表现”“决定”“制约”外部形式，张氏并没有给出具体说明。在我们看来，内部语义形式和内部组合形式是很难成为“具体实在语音”这一外部形式的内部形式的。

在对内部形式性质做出合理分析之前，重温一下洪堡特所论或许会有所帮助。

洪堡特在其《论人类语言结构的差异及其对人类精神发展的影响》中明确提出，“语言不是活动的产物，而是精神不由自主的流射”(20)。主张精神决定语言，“语言是构成思想的器官”(63)，认为“人类语言的结构之所以会有种种差异，是因为各个民族的精神特性本身有所不同”(51)。作者强调民族的语言即民族的精神，“语言的智力优点完全取决于一个民族在语言形成或改造时期所具有的秩序井然、稳固明晰的精神组织；语言的智力优点是这一精神组织的影像，甚至可以说是其直接的模印”(100)。不同的语言表达和记录了不同的思维范畴和意义内容，每一种语言都有可能形成独特的语法结构和语义结构。这些不同的语法结构、语义结构在作者看来是在“内在语言形式”这一层面上最终实现的，因此便给“内在语言形式”以这样的具体描述：“同语言有关的思想是无比明晰的。假如这些思想的光辉和温暖未能渗透进语音形式，那么，即使有美妙动听、丰富多样的语音形式，即使这种语音形式的种种优点与最生动活跃的分节意识结合了起来，也并不足以产生出同精神相匹配的语言。语言的这一完全内在的、纯智力的方面，决定了它的本质；这个方面也即语言创造力量对语音形式的运用，在这种运用的基础之上，语言才有可能把表达赋予现代伟大的思想家在观念形成过程中力图借助语言来表现的一切。语言的这一特性，取决于在它内部得到显示的规律相互之间以及这些规律与直观、思维和感觉的规律之间的协调一致和共同作用。”(100)对于内在语言形式，正如克罗齐所指出的，它“既非逻辑的概念，也非身体的声音，而是人们对事物的主观见解，是幻想和情感的产品，是概念的个体化”(1984：168－169)。它深藏于语言的内层，不只对词语的接合有着有力的影响，而且还明显制约着人们对客观对象概念的形成，洪氏认为，“每个概念必须与它本身固有的特征或与其它相关的概念保持内在的联系，同时，分节意识要为每个概念配置表达的语音。甚至对外在的、物质实体的、直接通过感官知觉到的事物来说，也是如此。在这种场合，词也并不是浮现在感觉面前的某个事物的等价品，而是语言创造力量在发明词语的某个特定时刻对这个事物的理解。这正是造成同一事物可以有许多不同表达的主要源泉。比如在梵语里，大象有时叫作‘饮两次水的’，有时叫作‘双齿的’，有时又叫作‘用一只手做事的’动物，尽管指的是同一事物，却表达了各种不同的概念。事实上语言从不指称事物本身，而是指称事物的概念，这种概念是由精神在语言创造过程中独立自主地构成的”（104）。

以上内容清楚地表明，不论宏观上的论述还是局部语言现象如“内在语言形式”“内部形式”上的分析，洪堡特氏以“精神决定论”贯穿论述始终。这么看来，作者所论内部形式考察的实质是精神如何对所指对象实行切分、对所指对象的特征如何选取，而这种切分和选取明显地与词语的意义紧密相关。换言之，洪堡特的内部形式本意上是与词语的意义相互关联在一起的，它制约并影响着的不是语言中的别的方面，而恰恰就是词语自身的意义。可见，洪氏真正关心的是语义反映现实的角度与侧重方面。虽然论述中也谈到了语音，指出“分节意识要为每个概念配置表达的语音”，但这只是在谈如何给经过精神切分之后形成的概念配置语音的问题，并不涉及用什么样的语音去表达什么样的语义问题。

学界不少学者抓住了洪氏所论的实质，对内部形式的性质做出了明晰的分析。A. A. 波捷布尼亚（1913）指出：“词的内部形式是思想内容与意识的联系；它表明，人类是怎样表达他本身的思想的。只有这样才能解释，为什么在同一语言中，用于表示同一事物的词可能会很多，反之，单独一个词又完全可以根据语言的要求用于标志不同的事物。”（转引自 O. Л. 叶尔玛科娃等 1987）O. Л. 叶尔玛科娃、E. A. 泽姆斯卡娅等（1987）主张，内部形式就是“这个词的意义的一种论证方式”。

斯捷帕诺夫（1989）、诺维科夫（1982）、郭列洛夫（1989）等也将内部形式理解成从命名的角度来揭示义位内部的语素义结构（据张志毅、张庆云 1994）。国内学者中，刘叔新（1985）认为，“词的内部形式是词义最初形成时所反映事物对象的特点所采取的形式，它为词形所制约和固定”。许威汉（2000）指出，内部形式“用为词汇学术语，指合成词中词素与词素结合的各种内部构成方式”（480）。《语言学百科词典》“内部形式”条指出，它与“外部形式”相对，是“指与语言单位内容方面、它的意义（语义）有关的部分”。

二、内部形式在词语结构中的位置

内部形式在词语结构中的位置，实际上是一个要分两个层面才能说清楚的问题：它处在词语符号结构音义两极中的哪一极；较之于词语意义，它又是处在一个什么样的地位。

对于第一个问题，学术界有“能指说”与“所指说”的分歧意见。

张绍麒提倡能指说。他（1992）主张将内部形式——内部语音形式、内部语义形式和内部组合形式统统看作词语符号结构中能指的一部分。对“内部语义形式”视作能指，作者有这样的一段说明：“造词过程中被选来代表所指的思想片段，其内容并不等于它所代表的所指。它们之间的关系只是代表，只此而已。因而这种被选择的思想内容属于语词的能指。”（1992：51）其实，思想片段内容与所指之间的代表关系的存在并不必然地得出“这种被选择的思想内容属于语词的能指”的结论，双方之间的“代表关系”也不能准确地告诉人们，代表的一方是能指，而被代表的一方则是所指。事实是，能相互代表的既可以是性质不同的事物，同时也未尝不可以是相同性质的不同事物。

刘叔新（1990）将内部形式与词语的“外在音流形式和构造形式”相对，把它纳入所指范围，认为内部形式只是意义的一种展现方式——

表明了作者的"所指说"的观点。这从作者主编的《现代汉语理论教程》(2002)看得更为清楚——将词语的内部形式置于"语义系统和句意"专章中进行讨论。张志毅(1990)也认定，内部形式"是属于内容这一平面(或)层次的"。

"所指说"让人们转不过弯来的地方是，内部形式既然是形式，却何以又成了词语的内容，这似乎与逻辑不合。对此，黑格尔认为："现象界中相互自外的事物是一整体，是完全包含在它们的自身联系内的。现象的自身联系便这样地得到了完全的规定，具有了形式于其自身内，并因为形式在这种同一性中，它就被当作本质性的持存。所以，形式就是内容，并且按照其发展了的规定性来说，形式就是现象的规律。但就形式不返回到自身来说，则这样的形式就成为现象的否定面，亦即无独立性的和变化不定的东西。这种形式就是(与内容)不相干的外在的形式。"译者在对这一段文字的说明中指出，"关于形式与内容的对立，主要地必须坚持一点：即内容并不是没有形式的，反之，内容既具有形式于自身内，同时形式又是一种外在于内容的东西。于是就有了双重的形式。有时作为返回自身的东西，形式即是内容。另时作为不返回自身的东西，形式便是与内容不相干的外在存在。我们在这里看到了形式与内容的绝对关系的本来面目，亦即形式与内容的相互转化。所以，内容非他，即形式之转化为内容；形式非他，即内容之转化为形式。这种互相转化是思想最重要的规定之一。但这种转化首先是在绝对关系中，才设定起来的。"(1981：278)这么一来，内部形式之作为内容中的组成便不难理解了。现在，它正为越来越多的人所接受。

明确内部形式是所指中的内容，这仅仅是第一步，紧接着需要弄明白的是，它在所指中居于什么样的地位。

首先，较之于词语的意义来说，内部形式地位上不如后者重要。一个词语可以不存在内部形式，但还没有听说过可以没有什么意义的。

"事实上，任何复杂的符号，就其结构功能来说，都可以简化为物质外壳和精神内容的结合体。就语词符号来讲，不管它内部结构多么复杂（这种复杂性是由于语言系统制造和规定的），只有两个东西对语词自身是至关紧要的：一个是作为物质外壳的语音，即语词的外部形式，另一个是它所表示的意义，即所指。语词符号的这种性质，使其内部语义形式存在的价值大为逊色。对一个已存在的语词符号来讲，不管它产生时如何依赖过内部语义形式，内部语义形式的有无都是无关紧要的。走得更远一点讲，我们假设语词符号产生时没有用什么思想片段代表所指，而只是用偶尔碰到的某某空洞的声音去代表所指，这样产生的语词，只要语言系统接纳它，它也是成立的。正是由于内部语义形式在语词符号结构中的这种特殊地位，才使得语词可以丧失内部语义形式，或者不具有内部语义形式。"（张绍麒 2000：18）

其次，内部形式与词语意义分属不同的两个层面：内部形式居于词语结构的内层，而词语意义则处在结构的外层，是借助内层的内部形式展现而来的。王艾录从使用功能的角度也发表了意见："词义处于使用层面，内部形式处于内构平面；前者是今天的使用者所关心的，后者是起初的创造者所关心的。从这一意义上说，词义是一种'商品思维'，它关心的是物品的使用功能；内部形式是一种'车间思维'，它关心的是物品的内在组织结构。"（2001：77）王氏认定内部形式是"起初的创造者所关心的"，这不完全合乎事实。现今的人们在关注意义的同时也已经越来越多地在关心它们的内部形式。

关于内部形式在词语结构中的位置，党静鹏（2001）做了直观而鲜明的阐述，如图 2－1 所示。①：

①原图是专门用以说明内部形式在词的结构中的位置。本文由于涉及固定语而对该图示中标作"词素"的地方一律改成"语素、词"；标写"词"的地方一律另加上"语"。

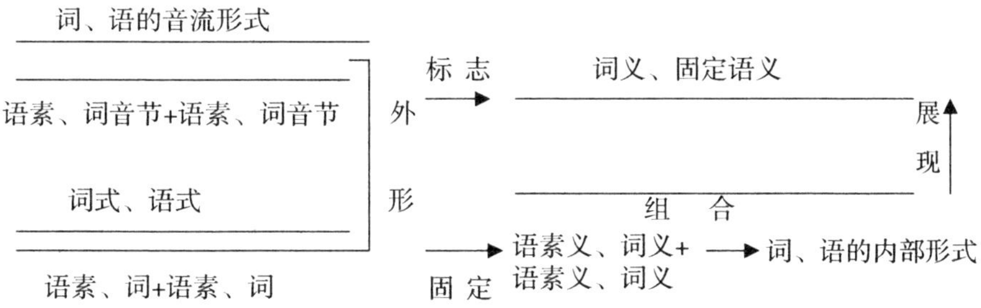

图 2－1　内部形式在词语结构中的位置

作者对图 2－1 有以下的说明①：

图 2－1 左半部分是词语的外部形式，外部形式包括词语的音流形式和词语的结构形式即词式和语式，词语的音流形式由词语的结构项——语素或词的语音连缀而成，有时词或语的音流形式不是语素或词的语音的简单联结，它们在联结过程中会发生连读变调、重构重音模式等方面的变化；词语的结构形式是构成单位之间结构关系的形式。图 2－1 右半部分是词语的意义，词语义与词语的内部形式分属不同的层面，内部形式层面展现词义层面，而内部形式则由语素义、词义等组合而成。左右两部分的关系是，词语的外部形式标志词语义，制约和固定词语的内部形式。

三、内部形式与理据

理据常被当成内部形式的又名，彼此同质而异名（见本章“内部形式的性质”）。这需要予以澄清。

首先，理据关注的是词语的“得名之由”，它说明为什么某个词汇单位自然地具有它现在的意义，或者说明为什么某个特定意义用某个词语项来表达就要比用其它词语项表达要更自然或者更合理。它“已是

①个别地方略做改动。

词以外的东西”（张绍麒 1992：74），既不属于形式也不属于意义。方法上是历时的。而内部形式重点探讨词语自身的意义是靠什么展现出来的。它关心的是共时状态下同词语意义之间发生的联系。它是词语意义另一层面上的内容。拿“肉松”来说，它的意义是“用牛、猪等的瘦肉加工制成的绒状或碎末状的食品，干而松散”，该意义凭借“肉”的“肉制品”和“松”的“松软”合于一起的“肉制品成松软状”这一内部形式展示出来，“肉制品成松软状”无疑是“肉松”的内部形式。然而，这恐怕是不能算作它的理据的。要知道，分析出的“肉制品成松软状”仅表明表达的意义是由其展现出来的，根本没有触及“为什么恰成为这样”的问题——而这才是理据需要集中研究的核心。“肉松”的理据，依据王艾录、司富珍（2001）的研究是这样的：1874 年，晚清太仓人倪鸿顺在江苏常熟当厨师，有一次在烧制红烧肉时不慎把锅中汤汁烧干，结果使肥瘦肉分离。他迅速把肥肉取出，再把剩下的瘦肉边煮边搅动，使之成松绒毛状。品尝之后觉得别有风味，他便将错就错，继续制作这种肉食品，并管它叫“肉松”。与此类似的更多例子可见表 2－1。

表 2－1　内部形式与理据不同的示例

项目 词例	内部形式	理据
推敲	推（门） 敲（门）	出自《苕溪渔隐丛话前集》卷十九引《刘公嘉话》：“岛初赴举京师，一日于驴上得句云‘鸟宿池边树，僧敲月下门’。始欲着‘推’字又欲着‘敲’字，练之未定，遂于驴上吟哦，时时引手作推敲之势。时韩愈吏部权京兆，岛不觉冲至第三节。左右拥至尹前，岛具对所得诗句云云，韩立马良久，谓岛曰：‘作敲字佳矣。’”
古稀	古代稀少的	杜甫《曲江》：“酒债寻常行处有，人生七十古来稀。”

续表

项目 词例	内部形式	理　　据
东床	东边的床	《晋书·王羲之传》："太尉郗鉴使门生求婿于导，导令就东厢遍观子弟。门生归，谓鉴曰：'王氏诸少并佳。然闻信至，咸自矜持；惟一人在东床坦腹食，独若不闻。'鉴曰：'正此佳婿耶！'访之，乃羲之也。遂以女妻之。"
东道主	东边道上的主人	《左传·僖公三十年》记载：秦晋联军攻郑，郑派烛之武离间之，烛之武对秦穆公说："若舍郑以为东道主，行李之往来，共其乏困，君亦无所害。"郑国在秦国的东面，故称东道主。
敲竹杠	敲用竹子做成的杠	清政府下令查禁鸦片，有人将大烟土藏在船舷竹杠或竹篙中。船开到浙江绍兴码头，一位师爷拿着旱烟筒，信手在竹杠上磕烟灰，这个商人却吓得面如土色，就掏出一些银子，塞给这位师爷。从此，这位师爷每次检查都要大敲竹杠。

理据与内部形式的区分在外来词身上表现得更为充分。对于任何一个外来词而言，相应的外语词都是它们得以产生的理据。比如，"咖啡""巧克力""沙发""探戈""威士忌""好莱坞"音译词的理据就分别是 coffee，chocolate，sofa，tango，whisky，Hollywood 等。可这些有着明确理据的外来词在输入方语言中，压根儿看不出是通过什么内部形式展现出来的。说到底，它们当中根本就不存在内部形式。

其次，理据既是关注词语的"得名之由"，与"得名"有关的诸种因素都会被纳入讨论的范围而成为词语形成的各种理据。英国语义学家乌尔曼（1962）将词的理据分成"语音的""形态的"和"语义的"三类：拟声词具有语音理据，派生词或复合词具有形态理据，借助词的基本语义的引申和比喻取得语义理据的词具有语义上的理据。张志毅、张庆云在乌尔曼三分法的基础上又增加了“词汇间和语言间关系理据”（2001：44）等。显然，它关涉的对象范围就远比内部形式广。语音能作为理据探讨的一个方面，而它是断不可能包括在内部形式之中的，因为与内部形式相对的正是外部形式的语音。

正是因为彼此这种差异性的存在，才使得理据与内部形式之间出现了大量不对应性。有些词语的内部形式十分清楚，而其理据则鲜为人知。比如，“喝墨水”的内部形式是“喝（供书写用的）墨水”，可其理据相当隐晦。南北朝时候的北齐，曾下过一道命令，在考试中，对成绩滥劣者一律罚喝墨水，这一规定沿袭了好几代。梁武帝时，有“差谬者饮墨斗”的规定。《隋书·仪礼志》里也有罚饮墨水一升的规定。就是秀才、孝廉那些比较有点学问的人，在会试的时候，如果监考官发现他们文章中有文理不清楚的地方，也要罚喝墨水一升。再比如“酒窝”，内部形式比较显豁，是“饮酒时（出现在脸颊上）的小圆窝”，而如此构成的理据则是：国习喜饮浓烈白酒，故饮时不宜大口喝下，而常为“抿”酒，此时两颊肌肉紧张，有人会出现微窝（王艾录 1995）。另有些词语，它们的内部形式虽只有一个，而对其之所以如此的来源解释却存在多个，“狗不理”是极具典型性的一个。“狗不予理睬”是“狗不理”的内部形式，而有关其来源则有多种：其一，本为制作人的绰号；其二，因包子铺地址得名；其三，因包子美，狗被吸引以致不理睬主人召唤；其四，为“狗子卖包子，一概不理”的缩略形式。（张绍麒 2000）

刘叔新（1985；1990）、张绍麒（1992；2000）等都主张将理据与内部形式分成不同的概念来对待，这较为合理。

不过，还存在着另一面，展现意义的内部形式其实是在命名之初形成的，是词语意义最初形成时反映对象特点所采取的形式。由于最初着重反映的特点总须用表示这些特点的语言材料来固定，它自然就成为何以用某个词形来命名的缘由，从而不可避免地会同理据牵连在一起。从内部形式的角度看，它往往能为探究理据提供某种观察的窗口，为寻获词语的理据提供线索，为社会更好地理解理据提供帮助。比如“陛下”是对君主的尊称，内部形式为“台阶下”。这样，“陛下”的理据就可以通过它的内部形式“台阶下”来间接地获得，即明白了“君主”何以称为“台阶下”也就等于找到了“陛下”的命名根据。它本来指在帝王宫殿的台阶下担任传达、警卫的近臣。东汉蔡邕《独断》：“陛，阶也，所由升堂也。天子必有近臣，执兵陈于陛侧，以戒不虞。谓之陛下者，群臣与天子言，不敢直斥天子，故呼陛下者而告之，因卑达尊之意也。”再比如“公主”，其意义是“君主的女儿”，它的内部形式借助其理据——“战国时天子嫁女，使用同姓诸侯主婚”就较为容易把握：公侯（为天子之女）主婚。对此，王艾录曾指出，内部形式与理据是既有紧密联系，又有很大差异的两个概念，认为“内部形式作为一个结构实体，它是理据在语言符号系统内的影射，它像年轮，像化石，记录着合成符号发生发展的理据信息。借助于内部形式的分析，我们既可以推求潜藏在其后的语言理据，又可以在很大程度上借以考察词义。也可以说，理据与内部形式的关系是因果关系，理据是因，内部形式是果……作为果，内部形式是存在于语言之中的结构实体——既为结构实体，它就必然是形式和意义的结合物；而作为因，理据既非形式又非内容，它是形式和内容相结合的动因”（2001：3－4）。王氏把“内部形式”当作“形式和意义的结合物”的“结构实体”，尚须斟酌，但将理据与内部形式看成因果关系倒还是有可取之处。内部形式确然是历时的理据浓缩后在共时层面上的一个方面内容的展现。

四、内部形式与词源（语源）

词源（语源），据哈特曼（R. R. K. Hartmann）和斯托克

（F. C. Stork）在《语言与语言学词典》的解释，“指对词的来源与历史以及对词的意义及形式的变化（包括向其他语言借词）所作的研究”。词源学的任务“是要研究词的历史、来源及其变化，并揭示词的同源关系，建立词的族属类别。”（何九盈 1995：502）“要逐一考察词典中所有的词，在某种程度上说明它们的身份，指出它们是从哪里来的，什么时候和怎样形成的，经历过什么样的沧桑变化”。十分明显，词源（语源）一般重在考释词语的起源或历史来源，是历时的追溯与分析。“这是一门历史科学，它要尽历史资料的可能，进行追溯，确定每个词的最古形式，它要研究词是怎样流传下来的，在意义和用法上曾经遭受过什么样的变化。”（房德里耶斯 1992：196）它既关注词语的语音，同时也关注词语的意义，既关注词语所从出的源头，同时又关注词语的各种变化。比如，根据《左传・襄公二十一年》中的“不相能”（“范鞅以其亡也，怨栾氏，故与栾盈为公族大夫而不相能”）而推知它是“积不相能”的本源形式（刘洁修 1989）等，这是关于词语历史来源的研究；根据韵同来推测同韵的字在意义上的特性，王力（1958）认为，像“阳、光、明、亮、炳、旺、王、皇、章、昌、张、扬、刚、强、壮、猛、长、永、京、广、旷、洋、泱”等阳部字多表示光明、昌盛、广大、长远、刚强等的概念，这是对词语的语音和意义的研究；根据对“不可胜数”的历史考察发现，它还可以用作“不可胜计”“不可胜纪”“不可胜载”“不可胜论”“不可悉数”“何可胜数”等，这是属于对词语各种变化的研究。词源（语源）独独不解释词语的内部形式问题，它同所涉及的内部形式不应该有什么纠葛。

或许，有些词源（语源）的分析会给词语内部形式的分析提供一定的线索、依据。比如“白丁”，词源上出自《唐书》“衣黄者圣人，衣白者山人”，意思是：穿黄颜色衣服的是做官的人，着白颜色衣服的是平民百姓，因此老百姓被称为“白丁”，凭借该词的词源比较容易、准确地分析出其内部形式是“穿着白颜色衣服的人”。“入赘”指招女婿。《汉书·贾谊传》：“家贫子壮则出一赘。”颜师古注：“赘，质也，家贫无有聘礼，以身为质也。”由此可知，“入赘”的内部形式是“（男方）进入（女方）作为抵押”。再比如“弱冠”，意义上指“男子二十岁上下的年龄”。《礼记·曲礼上》：“二十曰弱，冠。”这样便可以知道它的内部形式是“二十岁（行）戴帽礼”。尽管如此，它们毕竟是不同角度的探讨，难以将二者混淆在一起。再说，词源（语源）提供的线索只是有助于社会更容易地挖掘出它们的内部形式，而并不意味着它们就是词语各意义的内部形式。

五、内部形式与字面意义（表层意义）

字面意义（表层意义）的说法时下常为学者提及（刘叔新 1984；苏宝荣 1987 等），指由词语字面各意义组合形成的意义。① 比如“汉语”就是“汉族的语言”，“不见不散”指“没有见到（面）不（要）散去”。而这些词语字面上的意义同它们各自的内部形式刚好一样，能否因此认为“字面意义（表层意义）”是“内部形式”的又称？若不是，那么它们之间会存在什么样的差别？

字面意义（表层意义）由各构成成分字面上的意义连缀起来而得。它并不要求必得同各自所表达的意义关联着。这一点与内部形式恰恰相反——内部形式是各自意义借以展现出来的具体形式，同词语的意义存有千丝万缕的联系。有些词语比如上面提到的“不见不散”“汉语”等，字面上形成的意义与内部形式完全相同。这顶多表明，用于字面意义形成的各种因素又刚好在内部形式中发生了作用，致使彼此合二为

①苏新春（1995）主张，“表层义是词的有确定的指称对象（包括纯客观的指物义和凝结在其中的主体意识）、有独立使用价值的意义”。这与我们所说的表层义不同。

一。但是，这种情形不能作为字面意义等同于内部形式的依据。

细说起来，它们之间的差异性表现主要有：

（1）一部分词语特别是纯音译词，当中各构成成分完全能连缀成一定的字面意义，但却根本不存在将它们自身的意义展现出来的内部形式。“沙发”，字面上未尝不可以理解成“沙的发”或“有沙的发”或“像沙一样的发”等；“巧克力”也能根据字面上的意义理解成“巧妙地攻克（来自对方的）火力”，等等。这些现在看上去十分怪诞的意义组合，能说不是各自所在词语的字面意义吗？可它们与展现意义的内部形式相去十万八千里，因为，这些字面形成的意义不能反映所指对象的任何特征。

（2）构成成分自身的意义有单义与多义的不同情况。构造成分若为单义，其意义别无选择地成了字面意义的内容因素；若为多义，则势必面临着从中如何作出选择的问题。供备选的各义项中，基本义最为大家熟悉，较容易为人们想到，它往往是字面意义首先予以选择的部分。比如：

书包——（放）书的包

自来水——自动流出来的水

截长补短——切下长的（来）接补短的

高瞻远瞩——站得高，看得远①

参与字面意义形成的各构成成分的意义未必就是该词语形成之初的部分，未必是词语形成之初对所指对象特征作出反映的部分。在形成字面意义要求的基本义同形成内部形式要求的对所指对象特征作出反映之间，必定会存在不一致的情况。如表 2－2 所示。

①当然，也会有非基本义参与字面意义形成的情况存在，比如“手不释卷”中的“释”“卷”分别是“放开”“书”义，为非基本义；“见微知著”中的“著”是“明显”义，属非基本义。

表 2－2　字面意义与内部形式不同的示例

项目 词语例	字面意义	内部形式
扬汤止沸	（用东西）扬起汤汁使它不再沸腾	（用东西）扬起开水使它不再沸腾
固若金汤	牢固得像用金子（做成的）汤碗	牢固得像用铜制成的，像滚烫的水池，（谁也不能越过）
走马观花	（一边）骑着马走（一边）观看着花	（一边）骑着马跑（一边）观看着花
市怨结祸	市场的怨恨，结下祸根	换得怨恨，结下祸根
时移世易	时间移动，世界（上的事）容易了	时间移动，世界（上的事）改变了
杀人越货	杀过人后跳过货物（逃走了）	杀人抢货
开卷有益	打开卷子就有好处	打开书本就有好处
荒时暴月	灾荒的时期，残暴的岁月	灾荒的时期，年成差的岁月

（3）通过缩略等方式形成的词语，内部各构成成分都是对应原形式的简化形式，但这种简化形式意义上却等同于被简化的单位，因此，缩略词语构成成分的意义与通常情况下表现出来的意义很不相同（王吉辉 2001a：40），从而使得依照字面理解产生的字面意义同各自的内部形式必然产生巨大反差（缩略词语的内部形式详见第六章）。如表 2－3 所示。

表 2－3　字面意义与内部形式有反差的示例

项目 词语例	字面意义	内部形式
彩电	彩色的电	彩色电视机

续表

项目 词语例	字面意义	内部形式
彩管	彩色的管子	彩色显像管
人大	人（很）大	人民代表大会
二次大战	两次大的战争	第二次世界大战
长话	长（时间）说话	长途电话
男足	男的脚	男子足球
女花	女子中（像）花（一样漂亮的）	女子花剑
空模	空的模型	航空模型

有时，字面意义竟同内部形式刚好相反。比如“生前”，字面上指“出生以前”或“活着以前”，而内部形式应该为“活着（的时候）”，“前”不反映对象中的任何特点；“死党”，字面意义是“死的党羽”，而内部形式则是“出死力的党羽”；等等。

六、内部形式与词语意义

内部形式与词语意义在词语结构中处于不同的层面（见本章“内部形式在词语结构中的位置”），前者由于展现后者而同词语的意义发生着各种联系。只是，展现本身不等于展现结果，二者不能混同。

（1）内部形式是通过反映或选择性地反映对象特点而采取的形式，而词语意义则大多体现了所指对象的概念，反映了所指对象的本质特征与一般特征。王振昆（1983）就它们之间的这种区别曾做过分析，认为“（词汇意义）是客观事物在人们意识中的抽象和概括的反映，它概括了事物的全部特征和人的认识”，而“内部形式却只反映了事物的某个特征”。比如“讲师”，“讲课的老师”是它的内部形式，而其意义则是“高等学校中职别次于副教授，高于助教的教师”，前者仅仅展现出该词意义中的一个侧面而已。又比如“缘木求鱼”，其内部形式“爬到树上找鱼”着眼于所指对象的具体特征，可所表达的意义“比喻方向、方法不对，一定达不到目的”是就本质而言的，彼此之间表现出来的差别更大。

（2）内部形式重在关注所指对象表现出来的特征在词语理性意义里的落实情况，而词语意义除却在概念基础上形成的理性意义之外，还可能包括诸如感情、态度、评价、形象、语体、风格、语气、格调等表达色彩。（刘叔新 1990：187－203）

（3）内部形式所要做的，就是从人们对客观对象形成的认识中选取一定方面的内容即反映出来的客观对象的特征，而后凭着它让社会能与客观对象联系起来，并且还是凭着它，能形成关于该客观对象的意义。会存在这样的情形：选择用以形成词语内部形式的方面恰巧同时成为词语意义形成的全部基础。比如“国营”，它的内部形式是“国家经营”，而这同时也是它的理性表达意义。这类情况的存在表明，内部形式可以直接明了地展现出它们的意义，可它并不意味着，词语的内部形式等同于词语的意义。同理类推，只部分展现词语意义的内部形式也难以被看作是一种“被简化了的词汇意义”。①

（4）同一个内部形式凭借各种方式可能展现出多个意义，比如“流水帐”，内部形式可以表述成“如流动的水一样的记账方式”，用它展现出来的意义有两种：每天记载金钱或货物出入的、不分类别的账目；比喻不加分析罗列现象的叙述或记载。要是将内部形式同所展现出来的意义同等对待的话，岂不会出现相同的内部形式对等于不同的几项意义？而这显然有悖于常理。

①О. Л. 叶尔玛科娃、Е. А. 泽姆斯卡娅在回答“内部形式是不是词的被简化了的词汇意义呢”这一问题时指出：“一定程度上看来是这样的。”（《构词法和词的内部形式的比较研究》，《语言文学论集》（三），1987 年）

此外，还有一部分词语，只有词语意义但没有内部形式，比如“鹧鸪”“酒家”“咖啡”“沙发”“艾滋”“拜拜”等，这就更加无法将内部形式当成词语意义来看待了。

七、内部形式与语义特征（义素）

张志毅指出，“义素是结构主义语义学用来描写语义的最小的意义单位，是义位的组成成分，也叫区别性语义特征”（2001：23）。比如“椅子”，它的意义可以分析出“供人坐的”“有四条腿的”和“家具”等语义特征；“男人”的语义特征有“人”“男性”“成年”；“走”的语义特征包括“人或鸟兽的脚”“交互”“向前”“移动”等。语义特征是义位的组成，是义位的形式化的具体展现。这种情况下，可否认为组成义位的语义特征也就是实质上的内部形式？

还不能这么说。原因在于，语义特征分析的对象是词语意义，是对词语意义构成的一种分析和描写，只不过采取形式化的方式罢了。语义特征的提取必得以词语已经形成的意义作为基础。它同词语意义最初是靠什么来展现的内部形式风马牛不相及，后者是借助选取所指对象中的某个（些）特征来说明所指对象，来展现所指对象，是由点及面式的。词语意义需要依附于内部形式并在此基础上才能够得以最终表现出来。也许，部分作为词语意义最初形成的特征可能又会同时成为义位的语义特征，可是，这种情况并不能从根本上混淆它们之间存在的区别。如果认为语义特征也是一种对词语意义的展现，那么这种展现与内部形式所谈到的展现并不是一码事。

八、内部形式的类别

邹玉华（1995a）研究词的内部形式，“根据它们所表述的事物与概念的区别，一般从两方面入手：一是从事物入手，一是从概念（在语言中表现为‘语义’）入手。”主张将词的内部形式分为指代事物的和指代概念的两类。前者相对于事物来说，它往往表现为事物的某种特征，比如“白菜”这个词的内部形式表明这种菜的颜色基本是白的，“白”就是这种菜的颜色特征。而后者相对于某一概念或语言中的某一语义来说，与其说词的内部形式表现为这种语义的某种特征，不如说它就是这种语义形成的原型。比如“汉奸”一词由原来“出卖和背叛中国的汉人”扩大为“出卖和背叛中国的人”，甚至进一步扩大，凡是叛国的人都可以叫“汉奸”，如“日本汉奸”“英国汉奸”等。语义“叛国的人”是在“背叛中国”的基础上形成的，“汉奸”就是这一语义的原型，也是它的内部形式。

毋庸置疑，事物和在事物基础上形成的概念确然不同，可是内部形式如何能绕过思维或者说概念而直接反映出事物的特征？实际上，内部形式是语义层面上的内容（见本章“内部形式的性质”），都是主观对客观反映的结晶。对此作者也十分清楚，并一再主张，命名时选择客观事物的哪一特征作为依据、用什么样的词或语素来表达，“又最终取决于主体对事物的认识”。因此，将词的内部形式区分为指代概念的和指代事物的这两种看来不能认为合理，至少，如此切分的思想很难付诸实际操作。

内部形式的类别，可以从不同角度来观察。

1. 根据内部形式所依附的语言单位可以分成“词的内部形式”和“固定语的内部形式”

内部形式存在于词中，这是词的内部形式。比如，“弱点”的内部形式是“弱的方面”；“明眸”的意义靠“明亮的眼睛”来展现；“枯黄”的意义靠“干枯焦黄”来展现，等等。存在于固定语中的便是固定语的内部形式。比如，“哭笑不得”的内部形式为“哭也不是，笑也不是”，并用它展现出“处境尴尬，不知如何是好”的意义；“尖嘴猴腮”的内部形式是“尖尖的嘴，像猴子一样的腮”，用它展现出“（人）面部瘦削，相貌丑陋”的固定语意义；“木头眼镜——看不透”的内部形式是“木头做成的眼镜无法看透”，它被用来展现“不能看清对象的本质方面”。

2. 根据内部形式在词语中的表现程度可以分成“完整式”“非完整式”两类

相对于词语的某一意义，其构成的各部分都参与了对所指对象特点的反映，通过它们显示或暗示出词语的整个意义，即能够透露出它们所指的对象是什么。换言之，它们在表示所指对象特点上的作用是清楚的。这是内部形式中的完整式。比如“黑板”，其中的“黑”和“板”各反映了所指对象在颜色上是黑的和在质料上是用木头制成的板这两个特性，“黑色的木板”即是“黑板”的内部形式。“不知死活”的内部形式为：不知道（是）死（还是）活，固定语构成中的每一个成分都在参与内部形式的形成。

某个或某些成分反映了所指对象的什么样的特点并不是十分地清楚，或者说根本就不知道其到底表示什么样的意义（与之共同构成的另一个成分在表现对象特点上的作用倒很清楚）。这种类型词语的内部形式表现得就不算完整，是其中的非完整式。比如，“洒脱”的内部形式实际上只由“洒”的“潇洒”来展现，“脱”在这儿指说了所指对象的什么样的特点并不清楚。“色彩”中的“彩”、“深奥”中的“奥”、“印泥”中的“泥”、“荒诞”中的“诞”、“山歌”中的“山”反映所指对象的什么特征实际上也都不明了，也都为内部形式中的非完整式。再比如“总而言之”，它的“总括起来说”的意义主要依凭其中的“总”和“言”的意义来展现，而“而”与“之”其实并不表明对象中的什么方面，反映对象中的什么特性。

3. 依据内部形式反映对象特点的不同情况可以分成“实质式”和

“表征式”两大类（刘叔新 1985）

“实质式”内部形式着重反映的是对象的本质特点，比如“大街”，它的“阔大的街道”靠“大”的“阔大”和“街”的“街道”合起来的内部形式展现出来。这个对象的本质特点，一是城区中的道路，这由“街”来反映；二是阔大，这由“大”具体反映。“暴风骤雨”，其内部形式是：来势很大的风，下得很急的雨。其中的各构成成分都如实地反映了所指对象不同方面的本质属性。

“表征式”内部形式着重反映对象表之于形的、易于为社会感知到的外在特征。比如“壁虎”，它以“墙壁上老虎似的”这一内部形式展现出它的意义，而内部形式自身则具体地反映了这种爬虫动物的活动场所和扑食蚊虫时迅捷的形态。“白璧微瑕”的内部形式是洁白的玉上面有些小斑点，它着眼于所指对象外在方面呈现出来的具体特征。这当中还可以进一步分别出体现式与显示式（刘叔新 1985）。

（1）体现式。反映对象的具体特点，如某种活动或状态、某种密切关联的物象，从而把对象体现出来。有一定程度的具体性，但只是具体地表现，并不把对象表现得真切，没有形象感。比如“出家”，其内部形式是以“离开家庭”来具体实现的，“离开家庭”有相当明显的具体性，但却不致给人以什么形象感。“上路”以“走上路程”这一内部形式来表示“做事等走上轨道”。类似的情形再比如“上坟”“拆穿”“开关”“分寸”“上升”“眉目”“电老虎”“税耗子”“上轨道”“一五一十”“七上八下”“登堂入室”“入木三分”等。

（2）显示式。真切地反映对象的具体特点，使对象形象地被感知。比如“佛手”，其内部形式是“佛的手”，这成为“佛手”意义的展现方式，换言之，“佛手”靠“佛的手”来展现南方产的一种蔬菜，有较强的形象性，每每使人联想起“佛的手”的形象。再比如“鸡冠花”，借助像雄鸡的鸡冠这一形象来展示所指花的样子。“喷饭”的内部形式是“喷出的饭”，以它来形象地展现事情可笑。这方面的例子不少，比如：“搁浅”“垮台”“包袱”“鸡眼”“翘尾巴”“走后门”“炒鱿鱼”“蚕食鲸吞”“如鱼得水”“大风大浪”“单枪匹马”等。

根据表征所指对象特性的不同而划分出的体现式和显示式，只是大体上的、粗略的。因为这相当大程度上与人们的语感有关，而不同人的不同生活阅历常常使人有着不可能完全相同的语感。比如“穿梭”，看到过织布或有过织布经历的人，在理解“来往频繁”这一意义的时候较为容易联想起织布梭子来回活动的景象，形象感十分突出。可是，没有类似生活经历的人就很难联想起什么，更谈不上会有什么形象感了。其他的再如：“羊齿”“炮灰”“流产”“龙眼”“夹竹桃”“败将”“搬兵”“鱼雷”等。另有一些，“由于相应的词使用时间很长或使用频繁，起初具有的形象性处于日趋淡薄的过程中”（刘叔新 1993：182），比如“抵牾”“倒楣”“提纲”“同胞”“立脚点”等。凡此两种情况，将它们归到显示式或体现式看来都未尝不可。

4. 根据内部形式反映所指对象特征途径的不同可以分“直指式”与“拐弯式”两大类

构成词语的各构成成分直接反映了所指对象的本质特点，这是直指式。比如“教室”，“教学的房间”是其内部形式，其中，“教”反映出来的“教学”意义、“室”反映出来的“房间”的意义，都直接说明了所指对象本质方面的特性。固定语中同样存在不少直指式的情形，比如“风和日丽”，“风”自不用说，“和”“日”“丽”也都如此，“和”意指“平和”、“日”意指“太阳”、“丽”意指“美丽”，都分别直接指明了对象中的重要方面。

通过借助与所指对象相近的、彼此能相互关涉到的其他事物的反映来间接地指明所称说对象上的特点，这是拐弯式。比如，社会用“芝兰”来表达“德行高尚或友情、环境美好等”这一意义，而“芝兰”

本身却不能提示出任何丝毫的与所表达意义相关的因素，它利用了“芝”“兰”用于指称两种香草的这种特性，将所要表达的意义曲折地表达了出来。“一五一十”比喻叙述时清楚而无遗漏，它是凭借着人们在数数时以五为单位的这种情形来间接表达的。其中又能够分出喻指、引指、借指与借代等四类。

（1）喻指。借相近事物来比喻对象的特点。比如“上阵”，它的内部形式是“上战场打仗”，并以这一形式来展现“参加比赛、劳动等”，彼此之间因相互存在相似点而关联。从参与内部形式比喻的程度可以将喻指进一步区分成纯喻、半喻和借喻三种情况。内部形式整体上都在比喻，成为一个完整的喻体，这是纯喻，比如“顶梁柱”“累卵”“羽翼”“风云”“浪潮”“守株待兔”“一发千钧”“穿小鞋”“风云变幻”“破釜沉舟”等。内部形式结构中的一部分用来比喻所指对象的某方面的特点，而另一部分则多半是直指，这是半喻。比如“鹅卵石”，“石”反映所指对象所属的事物类别，是实质性的，而其前面的“鹅卵”则比喻“石”在形体上的具体特点，是比喻性的。这种情况还有（加点部分为喻指的）“鼻涕虫”“蟊贼”“鞍鼻”“安全岛”“扁桃腺”“拳头产品”“火箭干部”“唇齿相依”“冰炭不相容”“钉子户”“飞短流长”等。借喻式是把词的本义的内部形式借来比喻另一个对象的特点，也是整个意思都是比喻的，这一点上同纯喻式的性质基本一致，不同之处在于前者往往有个本义同时在起着烘托比喻的作用。比如“搁浅”，以“（船）搁在浅滩处”来展现“船行驶到水浅之处而不能继续行驶”，同时它还可以借用来“比喻事情不能继续进行下去”——内部形式在展现该比喻意义过程中，它的本义“船行驶到水浅之处而不能继续行驶”对它能起到烘托比喻的作用。这种情况复合词中不在少数，比如“包袱”“堡垒”“脉络”“标兵”“门楣”“暗流”等，固定语里的情况少些，像“幕天席地”“唱双簧”“擦边球”“黄牌警告”“调兵遣将”“第三世界”等。

（2）引指。它出现在词的引申义上。内部形式反映的特点属于本义所表示的对象，必须通过本义这个环节才同引申义关联起来，因此反映对象的特点是转折的、间接的（刘叔新 1985）。比如“丹青”，内部形式为“红色和青色”，首先表现本义“红色和青色的颜料”，通过该本义才可以与引申义“绘画”关联起来，即成了绘画的某种转折而间接地反映的特点。其他的再比如“门房”“调门儿”“东床”“六宫”“布衣”“保姆”“转弯抹角”等。

（3）借指。词语构成成分的意义并没有表现为通常情况下的语素义或词义，而是借自所从出单位的意义，是对应语言单位意义的借指。这主要表现在通过缩略方式产生的缩略词语上。比如“北大”中的“北”源自“北京”而成为“北京”的借指；“大”源自“大学”而成为“大学”的借指。它的内部形式因此而是“北京大学”。缩略词语构成的各成分只要源自缩略，它们的意义就基本上都是借指的。比如“三企（三资企业）”“普九（普及九年制义务教育）”“固话（固定电话）”等。①

（4）借代。借用与某事物现象有关的特征为该对象命名，这是借代。比如，用“笔墨”代指“文字或诗文书画等”。类似的情况还有诸如“股肱”“唇舌”“山河”“翰墨”“滥觞”“之乎者也”等。

5. 根据内部形式自身的产生可以分成“特征式”与“评价式”两类

特征式主要着眼于客观对象自身在形状、颜色、大小、来源、用途、属性、材料等方面表现出来的特点。像“红果”“黑板”“白酒”

①借指的意义有可能转化而成为语素的新的意义。有关讨论见马庆株《关于缩略语及其构成方式》（《语言研究论丛》，第五辑，南开大学出版社，1988）。

“青丝”“绿灯”等表现出的是所指对象的颜色；像“圆白菜”“方尺”“拱桥”“筒裤”等表现出的是所指对象的形状；像“高楼”“小人书”“大衣”“小车”“大田”等表现出的是所指对象的大小，等等。

评价式是社会对所指对象的一种认识上的评价，并通过一定的构成成分具体反映出来。比如“益鸟”“害虫”“坏蛋”“贤良”“善举”“良家”“鼠辈”“良师益友”“贼眉鼠眼”“尖嘴猴腮”等。

6. 根据内部形式的具体来源可以分成“本源式”“附会式”两类

汉语本源各词语的内部形式是本源式，比如，“问津”“问寒问暖”等是本源词语，它们的内部形式——“询问渡口”“询问冷不冷暖和不暖和”则皆属本源式。由于汉语词语中的绝大部分都是本民族根据不同的客观对象而自主创造出来的，它们的内部形式也因此都属于本源式。

从外族语言中借入的词语即外来词不是本源的，而是他源的。其中，纯音译的外来词只是照着对应外语词的具体音读来发音（当然会根据汉语语音上的某些特征而做适当改造），外语词自身所具有的内部形式等因为完全的音译而不可能带入汉语中来，换言之，它们都不存在内部形式。不过，汉语社会习惯于以字猜义，因而在音译过程中常用能显示某种意义的汉字来音译对应着外语词的某些音节，从而形成字面上组合的一些意义，而这些意义又恰恰能部分地反映出所指说对象上的某些方面的特征，可以认为是一种内部形式（详见第四章“外来词的内部形式”）。如表 2－4 所示。

表 2-4 附会式内部形式示例

项目 词例	（内部形式）字面意义	所指	外语词
奔腾	跳跃着奔跑	Intel 公司生成的 CPU 芯片名称	Pentium
奔驰	飞快地跑	德国戴姆斯勒公司生产的一种品牌的汽车	Benz
的确良	真的很好	涤纶织物	Dacron
可口可乐	味道好，值得高兴	美国生产的一种饮料	Coca cola
雪碧	雪似的透亮	一种饮料	Sprite
敌百虫	抵挡百虫	一种杀虫剂	dipterex
绷带	绷紧带子	包扎伤口用的纱布带	Bandage
苦力	辛苦的劳力	干苦活的人	coolie

由于纯音译词的这些内部形式并不是原对应外语词所带来的，而是借入方根据所指对象的情况而后附上去的，它们是附会式。

7. 根据内部形式的外显程度可以分“显性式”与“潜性式”两种①

词语构成成分的意义清楚地表明了所指对象的重要或本质特征，这就是内部形式中的显性式。比如，“大胆”中的“大”和“胆”直接反映了对象的实质性方面，它的内部形式“大的胆量”因此能直接被人们所意识到。一般地，直接式内部形式外显程度都比较高，都可以归为

①乌尔曼（Ulmann）（1962）首次使用了隐性词（opaque words）和显性词（transparent words），“每一种语言都包含语音与语义之间毫无联系的约定俗成的隐性词，同时也包含有至少在一定程度上有理据的，因而是显性的词语”。国内学者曹炜（1994）根据“词义同语素义因果联系的强弱亲疏”分析过显性理据和潜性理据两种情况。我们这儿的“显性式”与“潜性式”与曹炜的“显性理据”“潜性理据”有某种近同之处，与乌尔曼从音义角度区分出的“隐性词”“显性词”不是一回事。

显性式。

词语的内部形式不能通过自身各构成成分的意义轻易地看出来，这是内部形式中的潜性式。缩略词语构成的各成分大多源自缩略，它们的意义因此较为特别，非语素或词的一般意义所能解释，属于潜性式内部形式中较为典型的一类。有些来自典故的词语，它们的内部形式也存在这种情况①，比如“说项”“先鞭”“囊萤”“问鼎”“涂鸦”“桑梓”“赋闲”“袒护”“染指”“糟糠”“知音”“掣肘”“捉刀”“鸿沟”“临池”“碧血”“莫须有”等，须在了解各自产生的典故的基础上才能够说清楚它们的内部形式。“说项”典出唐·李绰《尚书故实》：“杨敬之爱才公正，尝知江表之士项斯。赠诗曰：‘处处见诗诗好，及观标格过于诗。平生不解藏人善，到处相逢说项斯。’因此遂登高科也。”由此典故可知，“说项”的内部形式应该是：（逢人就）说项斯（的好话），正是凭此内部形式才能够展现出“为人说好话，替人讲情”的意义来。“染指”出自《左传·宣公四年》：“楚人献鼋于郑灵公。公子宋与子家将见，子公之食指动，以示子家，曰：‘他日我如此，必尝异味。’……及食大夫鼋，召子公而弗与也。子公怒，染指于鼎，尝之而出”。后人因此用它来表示“分取非分的利益”②。

①刘哲（2000）指出，在构成词的两个语素中，虽然它们所表示的意义在现代汉语中仍然存在，但是由于词语是由典故紧缩、演化而成的，语素的意义同词的所指对象缺乏现实的直接联系，使得这类合成词也成为无理据词，并举出像“东床”“碧血”等加以说明。这种意见似可再酌。

②有些学者将通过比喻、借代等曲折表达所指对象特点的内部形式归为潜性式，这并不合理，因为就它们内部形式本身而言并不曲折，相反倒往往比较显豁。像“鹤立鸡群”的内部形式其实就是“一只鹤站立在一群鸡中”；“遍地开花”的内部形式无非是“地上到处开着花”，等等。

第三章　内部形式的产生与表述

一、内部形式的产生

客观对象表现出来的特征、属性总是多样的和多侧面的，透出纷繁与复杂。比如“教室”，对应着对象的特点何止是“教室”内部形式中反映出来的“教学用的”“房间”这两个？至少还有诸如“讲台”“课桌”“同学”“黑板”“粉笔”等相关的属性。再比如“花生”，它所指对象的特性则更为复杂：“豆科。一年生草本。茎匍匐或直立，有棱，被茸毛。羽状复叶。腋生总状花序，有黄色，受精后子房柄迅速伸长，钻入土中，子房在土中发育成茧状荚果。种子呈长圆、长卵、短圆等形，有淡红、红等色种皮。喜高温干燥，不耐霜。适宜砂质土壤栽培。种子富含蛋白质、脂肪，主要用作油料或副食。”显然，表述它们的语言单位不可能对对象呈现出来的种种特性面面俱到，但对象所表现出来的这些特点又不能因此一概被忽略。折中的办法是尽量寻找出能够兼顾双方的“桥梁”——内部形式水到渠成地成为选择，因为它一方面可以采用伸缩自如的语言形式（多半采用较短的）以方便社会表达、运用的实际需要，另一方面又能够凭借着它们而了解所指客观对象的更详细的特征。

内部形式的产生首先得有基础，得有使其立足的条件。这种基础、条件就是客观对象在人脑中的反映，即形成的关于所指对象的认识，“是语言创造力量在发明词语的某个特定时刻对这个事物的理解”（洪堡特 1997：104）。帕默尔（1983）也指出，一种语言的词往往并不反映外部世界的全部实际情况，只是反映出操这种语言的人注意到的地方，甚至只是反映出某部分人注意到的地方，因此，凭着对对象独特的理解才会出现：不同民族的语言或同一民族的语言在表达相同对象时采用互为不同的内部形式（见§9）。有时，所指对象的特性甚或被附丽上了认识的某种结晶，比如“黑钱”，对象本身并非为黑颜色，之所以以“黑色的钱”来作为它的内部形式，这是主观认识的结果，是社会赋予的。在没有经过主观反映的情况下，社会唯一可依据的只是客观对象，而客观对象展现在社会面前的情况是绝对不会因不同的人而有什么不同的。

面对客观对象的众多特征，内部形式怎么样才能够在语言表述单位上做到伸缩自如呢？吕叔湘用“占据一点，控制一片”对此做了形象说明。他在谈到“什么是意义”时曾有过这样的一段分析：“像‘谢幕’那样的字眼，就放弃了很多东西，只抓住两点，‘谢’和‘幕’。说是‘放弃’，并不是不要，而是不明白说出来，只隐含在里边。比如‘苹果’，并不指一种无一定大小、颜色、形状、口味的东西；同样，‘布鞋’、‘谢幕’也都隐含着某些不见于字面的意思。语言的表达意义，一部分是显示，一部分是暗示，有点儿像打仗，占据一点，控制一片。”（1964：61－64）徐通锵认为“占据一点，控制一片”的“说法很好”，并以“野人”为例加以佐证，指出“它的意思很复杂，指离开社会人群而孤独地生活在野外的人，甚至可以由此而引申为没有教养的人，但汉语社团只抓住‘野’和‘人’两个点，很多具体的内容都隐含于这两个‘点’所控制的跨度之内，需要说话人和听话人自己用已知的知识去补充”（1997：357）。吕叔湘、徐通锵二位先生虽然没有直接涉及内部形式问题，但此处所论的“占据一点”理论用于解释内部形式的产生过程，是再恰当不过的了。张绍麒则有更为明确的阐述，他在谈及造词过程时指出，“代表某义的思想片段被选定后，它还不能直接成为被代表义的能指。这是因为语言的系统性对语词能指的格式有所限制，而这些被限定的格式在语词产生和发展中具有强大的类推作用。这种作用限制了被选择代表义的思想片段的自身表达，它只好进行缩略调整，以‘以点代面’‘以点导面’或其他什么方式去‘就’语言中所规定的构词格式之‘范’”（1992：51）。王艾录（1994）指出，言语是一个多层构架的立体结构，不同层次之间的相互转换，实质上是“意义支点”的提取和还原。认为复合词是从深层“语义、句法结构”中选取出来的意义支点的重排序列，它是一种具有特定意义的凝固块，作者举出“马刀”做了说明，它是“骑马冲锋时用的战刀”的意义支点序列。据杨成凯（1986）、Fillmore（1977）提出的场景理论对此也有分析。该理论认为，意义是联系着场景的；场景指视觉形象，还指任何一个具有整体性的独立的知觉、记忆、经历、行动或物体；有许多角色参与场景的构成，一个词或一个短语或一个句子或一段话语，都确定一个场景，但无法把场景中的各种角色都映现出来，只能根据角色的重要性而突出和强调某些角色。

不论是吕叔湘等主张的“点”“面”说、王艾录的“意义支点”说还是 Fillmore 的场景理论，虽然各自所论有别，但本质上却存在共通之处，都认定内部形式是对象特性选择的结果。

社会在主观作用于客观所指对象之后形成的特定理解，只有在通过一定的手段将它们巩固在语言中才能成为词语意义的展现方式。只是思维领域内的特定理解无法成为语言范畴内词语意义的展现方式。

确认了所指对象中的哪些特征可以用来作为内部形式的构成因素之

后，社会通常借助现成的语言材料，用从现成语言材料中找出的能够表达它们的单位来作为内部形式的负载者。比如，“教室”主要反映对象中的“教学的”和“房间”这两个特征，而现成材料中能表达这二者的刚好有“教”与“室”，于是才造出“教室”。

被选用来组合内部形式的这些成分，它们意义性质上杂陈不一，既有本义也有基本义甚或是某个复合词的直接截取等不同情况的存在。①

若将词语的意义区分成本义与引申义，那么内部形式的组合类型包括如下几种。

（1）内部形式：本义＋本义。比如：

囚：关押
车：陆地上有轮子的运输工具
} “囚车”的内部形式：关押人的车

泅：渡水
渡：由这一岸到那一岸
} “泅渡”的内部形式：由这一岸到那一岸

泣：小声哭
诉：说给人
} “泣诉”的内部形式：小声哭着说给人

（2）内部形式：本义＋引申义。比如：

囚：关押
犯：罪犯
} 囚犯：关押的罪犯

①王艾录等在《词语的理据》中详细分析了词语构成成分的意义参与理据组成的种种复杂情况。

求：请求（本义）
饶：饶恕（引申义）} "求饶"的内部形式：请求饶恕

拆：拆毁（引申义）
迁：迁移（本义）} "拆迁"的内部形式：拆毁迁移

（3）内部形式：引申义 + 引申义。比如：

气：人的精神状态
派：作风，风度} "气派"的内部形式：人的精神状态的风度

白：没有加上什么东西的
汤：食物煮后所得的汁水} "白汤"的内部形式：没有加上什么东西的汁水

若将词语的意义区分成"基本义"和"非基本义"的话，词语意义内部形式的构成又可以有以下三种情形。

（1）内部形式：基本义 + 基本义。比如：

速：快速
冻：遇冷凝固} "速冻"的内部形式：快速凝固

伸：（肢体或物体的一部分）展开
手：人体上肢前端能拿东西的部分} "伸手"的内部形式：展开人体上肢前端能拿东西的部分

巨：大
著：著作} "巨著"的内部形式：大的著作

（2）内部形式：基本义＋非基本义。比如：

干：只具形式的（非基本义）
笑：露出愉快的表情，发出欢喜的声音（本义）
}“干笑”的内部形式：形式上的愉快表情

山：地面形成的高耸部分（本义）
脚：东西的最下部（非基本义）
}“山脚”的内部形式：山的最下部

（3）内部形式：非基本义＋非基本义。比如：

海：大的
报：用文字报道消息或发表意见的某些东西
}“海报”的内部形式：大的报道消息的东西

贵：价值高
重：重视
}“贵重”的内部形式：价值高，值得重视

干：能干
将：军官
}“干将”的内部形式：能干的军官

内部形式表达要选取的成分未必刚好都能够在现成的语言材料中找到，这种情况下，往往会通过直接截取现成的一个词，并用这截取的成分来表达被截取词的整个意义。这代表了整个词的意义的成分成了“意义支点”（王艾录等 2001：29）。王吉辉在谈到缩略词语的鉴别标准时曾涉及这方面的问题：“缩略单位自身的意义形成较一般复合词特殊，主要不是通过构成成分的‘词素’性质所具有的意义来提供……可以用来解释的意义恰巧要通过一个现成的词语单位来表示。”（2001a：40）比如“甲肝”，其中“甲”和“肝”所具有的全部意义分别是：

甲[1]：①天干的第一位。

②居第一位。

③姓。

甲[2]：①爬行动物和节肢动物身上的硬壳。

②手指和脚趾上的角质硬壳。

③围在人体或物体外面起保护作用的装备。

甲[3]：旧时的一种户口编制。

肝：人和高等动物的消化器官之一。

可“甲”和“肝”的这些语素意义无法合成“甲肝”的实际意义，或者，同“甲肝”所表示的意义相去较远。要想获取“甲肝”真实表达的意义，必须用各构成成分的其他意义才行——这儿的“甲”是“甲型”的略称，“肝”是“病毒性肝炎”的略称，它们分别代表各自的原形式。

内部形式依靠这种方式实现的，除了大量存在的缩略单位之外，还有其他一些成员，比如（见加有横线单位）：

毛笋：毛竹＋笋　　燕菜：燕窝＋菜

丹皮：牡丹＋皮　　鸭茅：鸭脚＋茅

面的：面包车＋的士　　祁红：祁门县＋红茶

出梅：出＋黄梅季　　谙练：谙＋熟练

二、内部形式的表述

依靠内部形式展现出来的词语意义为社会现实地使用着，它们总在社会的前台，是社会关注的焦点。而用来展现的内部形式往往隐于它们的背后，常不为人们所知晓。当然，对于仅仅满足于能够顺利实现交际的绝大多数人来说，掌握词语的意义确实已经足够，根本无须实际上也没有必要再劳神去关心他们所运用词语的意义是怎么产生出来的。可是，对于从事语言研究和语文教学工作的人来说，明确词语意义之所从出就非常有必要，它能使人们在更深的层次上来把握词语的意义，以便将词语意义的有关内容更好地、更透彻地传授给学习者。

内部形式不像词语意义那样外显于社会，它居于词语意义的背后，需要做出专门的分析才能将它们挖掘出来。这就牵涉到内部形式的表述问题。内部形式的表述包含两个相关方面的内容。第一，弄清楚内部形式需要表述什么样的内容；第二，可以通过什么样的方法将它们表述出来。

通过上述分析可以知道，最初反映所指对象的特点都凝结或压缩在词语的各构成成分中。要想成功地表述词语的内部形式，探索构成成分的意义是否恰好反映所指对象的某一方面特征就显得十分重要。只有把确实反映所指对象特征的构成成分的意义连接起来，才能形成词语的完整内部形式。词语内部形式的表述在不同情况下宜采用不同的对策加以解决。

(1) 若词语构成成分的意义只是单一的，那么，在考虑内部形式构成时，一般可以直接将它们的意义视同反映了所指对象的特征而组合起来，从而形成词语的内部形式。比如，“谦恭”里的“谦”是单义的，只是“谦虚”的意义；“恭”表义上同样也是单义的，是“恭敬”的意思。这样，“谦恭”的内部形式各通过其构成成分的这些意义来表示，也即“谦虚恭敬”成了“谦恭”的内部形式。又如“瘢痕”，其中的“瘢”和“痕”都为单义，分别指“疮口或伤口好了之后留下的痕迹”“痕迹”，于是，它的内部形式就可以直接用这个组成成分所具有的唯一意义来组成："疮口或伤口好了之后留下的痕迹"。再如，"评骘"中的"骘"是个单义性的成分，为"定"的意思——无疑是直接参与所在词语内部形式组成的要素。像"绑匪""板滞"等（加点的部分）都属类似的情形，不过这种情况在汉语词语中并不占多数。

（2）面对构成成分的多个意义，词语的内部形式到底该选择其中的哪个意义才合适呢？比如"暗坝"，构成成分之一的"暗"有三项意义：光线不足；隐藏不露的，秘密的；糊涂，不明白。"坝"的意义也有四项：拦水的建筑物；河工险要处巩固堤防的建筑物；沙滩；坝子。是不是都选择各自单位中的本义或者一律选择其中的基本义？问题的关键要看，构成成分中的哪一项意义最切合所指对象的特征。"暗坝"指"不露出水面的坝"，而该意义则显然是借助"暗"的"隐藏不露的"这一意义和"坝"的"拦水的建筑物"这一意义来帮助实现的，因此，其内部形式就是"没有露出水面的拦水建筑物"。而在"暗淡"中，"暗"则应取其"光线不足"的意义，原因在于"暗淡"表示"昏暗"的意思。

有些词语内部形式似乎既可以通过它的某个引申义来展现，同时又未尝不可以通过它的本义或基本义来实现。比如"伤口"，其中的"口"反映对象的破裂后的一种具体形状，这儿用它的本义"口"状的或者用它的引申义"口子"，应该说都不会存在什么问题。因为从最初的造词来看，也的确存在两种可能：一种是直接选取"口"的"口子"意义参与构造"伤口"这个词；另一种则是用"口"的本义入词，"口子"是"口"入词以后才产生的意思。汉语中类似情况不在少数。再比如"板书"中的"板"，理解成"黑板"是可以的，理解成"片状的较硬的物体"也未尝不可。在难以准确地判断造词之初取用了构成成分的哪一个意义的情况下，宜选择对于意义展现更直接的构成成分的意义来作为它们的内部形式。这样，"伤口"的内部形式是"受伤（破裂）的口子”，“板书”的内部形式则为“在黑板上写”。类似的例子还有“千夫”“百货”“点缀”等。

（3）构成成分的各意义都不能准确反映出所指对象的特点，这表明了内部形式构成中的两类较为特殊的情形。

①实现内部形式的意义并不蕴涵在构成成分的一般意义中，而是通过“意义支点”来帮助实现。所在词语同样存在着内部形式。比如“彩电”中的“电”代表“电视机”，整个内部形式是“彩色电视机”；“话费”中的“话”代表“电话”，内部形式是“电话费”等。根据“意义支点”所居于的具体位置的不同而有以下几种不同的情况。

A.“意义支点”居于词的结构的前半部分，比如：

狼烟：狼粪＋烟；内部形式是：（燃烧）狼粪而（冒出的）烟。

丹皮：牡丹＋皮；内部形式是：牡丹根的皮。

保费：保险＋费；内部形式是：保险费。

诺奖：诺贝尔＋奖；内部形式是：诺贝尔奖。

B.“意义支点”居于词的结构的后半部分，比如：

前南：前＋南斯拉夫；内部形式是：前南斯拉夫。

电扇：电＋风扇；内部形式是：电风扇。

代数：代＋数学；内部形式是：代数学。

C.“意义支点”居于词的前后结构，比如：

交警：交通＋警察；内部形式是：交通警察。

基建：基本＋建设；内部形式是：基本建设。

电挂：电报＋挂号；内部形式是：电报挂号。

空调：空气＋调节器；内部形式是：空气调节器。

D.“意义支点”居于固定语中，比如：

快反部队：快速＋反应＋部队；内部形式是：快速反应部队。

二次大战：第二＋次＋大战；内部形式是：第二次世界大战。

②词语的内部形式变得无从索解。这包括部分式、全部式两种。

A. 部分式。比如“江”的意义有三：大河；指长江；姓。而“江米”中的“江”用其中的任何一种意义来解释都无法说清，同时也没有办法从“意义支点”的角度来弄明白它到底反映了所指对象中的何种特征。由此而只能认为“江米”的内部形式是不完整的。类似例子还有（加点的为没有指明对象的任何特点）：

飒爽　散步　桑葚　瘙痒　色彩　瑟缩　傻瓜　山响　菠菜
芹菜　榕树　芍药　苹果　肥皂　白矾　蓝本　傻帽儿　料峭
麋鹿　鲫鱼　鳟鱼　山歌

B. 全部式。比如，“逍遥”的意义指“没有什么约束，自由自在”，可其中的“逍”“遥”各反映对象中的什么特征并不清楚，或者说，这种对意义的展现形式并不为当今社会所掌握，完全可以将它归入全部成分都无从索解这一类。全部式中除却部分纯音译词语之外，还可以再举出诸如“跛扈”“勃谿”“蹀躞”“磊落”“陆离”“嵯峨”“蝙蝠”“鹌鹑”“蟾蜍”“凤凰”“蝼蛄”“蟑螂”“洒家”“洒洒”等词语。

（4）内部形式表述可以采用的方法至少有两种。

其一，形式法或特征法，就是将词语意义最初形成时反映出来的对象的特征形式化地表述出来。比如：

美人：美丽＋人

卫兵：保卫＋士兵

走后门：走＋后面的门

损人利己：损害＋别人＋有利＋自己

若遇到词语中部分内部形式无从索解的情形，形式化表述中可以采用零形式来代替。比如：

芹菜：0＋蔬菜

苹果：O＋水果

其二，句段法，就是将反映出来的这些特征用句子的方式把它们前后串联起来。比如：

试表：（用）体温表测试（体温）

人头：人的头

开绿灯：打开绿色的（信号）灯

势不可挡：情势不可以挡住

表述内部形式的这两种方法各有优长之处。形式法较为直接、简明，而句段法则相对清楚、明白，也较为符合社会的认读习惯。

第四章　词的内部形式

“内部形式”的研究首先开始于词，后来也一直较专注于词。因此，词的内部形式研究特别是对复合词内部形式的研究富有成果（刘叔新 1985）。这儿，我们先从结构上不同的单纯词、复合词以及派生词入手，而后再着眼于汉语中的几类特殊词集，对它们的内部形式分别进行描写和分析。

一、单纯词的内部形式

单纯词内部无法做出进一步的成分分析，似乎无法透过其自身了解它们到底反映了所指对象的什么样的特性，至少很难从表面上索解得到。因此，学术界一般倾向于认为，单纯词内部不存在内部形式（洪笃仁 1957；邹玉华 1995b）。

理论上，任何词包括单纯词，它们产生之初相信都是有所取的，都会本于所指对象的某个方面的特性并以这种特性作为创造的最初根据。单纯词的内部形式在现在变得不容易看出来，只是表明它们变得较其他类尤其是合成词更为隐晦罢了，难以凭此而作出“它们没有内部形式”的结论。这一点上，张永言的意见是对的。他（1981）认为，单纯词包括单音的和复音的，都有内部形式存在，所谓单纯词没有内部形式的观点“是不妥当的”，并进一步指明，它们的内部形式可以用汇集同族词或同根词综合考察的方法加以阐明，用语义学的方法进行探讨。然后作者还通过同族词或同根词的比勘和亲属语言中同源词的参较具体探寻出“葩”“葚”和“铜”的内部形式分别是“白色”“黑色”“红色”。

当然，有些单纯词即便采用语义学方法恐怕也很难发掘出它们的内部形式，比如“天”“地”“人”“水”“以”“一”“已”“山”“心”“手”等，它们所含的内部形式可能已经永远地尘封在历史的长河之中了。

由于探寻单纯词内部形式的语义学方法是历时的，研究本身应该属于语源学或理据学的范围。历时方法研究得出的内部形式只是存在于历史上的，未必会在共时的现代汉语层面上表现出来，因此，“单纯词绝大多数在现代已难看出其内部形式”（刘叔新 1985），或者未尝不可以直接说成“它们没有内部形式”。

不过，单纯词当中的一些成员比如“象声词”“呼答词”“感叹词”以及“音征词”，在我们看来确是实实在在存在内部形式的。

纯然以所指对象发出的声响作为具体模仿的内容，并且就以这种声响上的特征作为造词的基本依据，这就是象声词。象声词以所指对象声音上的特点来命名该对象，因此形成的意义只能认为是一种对声音的指称，是理性的。反过来看，象声词自身的意义是通过指称所指对象声音上的某种特点展现出来的。所谓象声词不具有内部形式的观点（邹玉华 1995b），我们是很难赞同的。比如“咚”，透过它而反映出所指对象声音上 dōng 的特点，dōng 的声音就是“咚”的内部形式。再比如“哗啦”，它反映了所指称对象声音上发出的 huālā 的特点，huālā 的声音也就是“哗啦”一词的内部形式。此外的例子还有不少，像“砰”“轰”“叭”“嗒”“哒”“呼”“嚓”“呜”“哗”“丁玲玲”“咔嚓嚓”“咯吱吱”“咚咚锵”“滴滴答”“叮叮当当”“噌噌沙沙”“哔哔卟卟”等。

呼答词包括呼词和答词。呼词用于对对方的称呼，如“喂”等，答词用于对称呼的应答，比如“欸”“嗯”“唔”等。这些单位都较为准确地反映了所称说对象的特点。呼词“喂”反映了实际称说过程中wèi的声音，答词“嗯”反映了实际应答过程中ēn的声音。也都是各自呼答词的内部形式。

感叹词“啊”“哦”“哟”“哎呀”等，虽说只是感情的一种宣泄，但这种宣泄都是凭借人们所发出的某种声响来实现的，而这种声响恰巧成了感叹词生成的模本。比如感叹词“啊”就是以人所发出的“啊”这种声响为基础创造出来的，真实地反映了所发出声音的这种特点。感叹词同象声词有很大的相像之处，只是感叹词还得借助这种声响来表示某种感情罢了。感叹词因此而不能不被认为也存在它们各自的内部形式。

汉语词汇中有一些“用模仿事物或动作的声音方法去指明这些事物或动作而成的词”（《语言学名词解释》，1962），比如“鸭”“知了”“牛”“布谷”“猫”“蛐蛐儿”“蝈蝈儿”“叽咕”“咕哝”等。但是，这些单位本身却不表示声音，它们所表示的是那些含有相应声音特征的事物，“人们听到或说到这些词时首先想到的是物而不是声音。”（马庆株 1987）刘叔新（1990）为了以示区别，直接以音征词来指称它们。

音征词虽然指称的是物，但这种物的指称是以物自身发出的某种声响作为造词根据的，它们本身能大体透出一部分作为当初造词根据的内容。比如“鸭”，音读为yā，这种音读声音极像一种需要指称动物发出的叫声；“猫”音读为māo，同这种动物发出的“miao”的叫声很像。可见，同样是单纯词的音征词，由于音读上能不同程度上提示社会，它们选取了指称对象的什么样的特点——全部是指称对象发出的声响，所以只能认为它们也都是具有内部形式的一类。

上述象声词等的内部形式，反映的都是对象上的本质特性，无一例外都是通过直指的途径实现的。

二、复合词①的内部形式

1. 复合词的内部形式概述

加克认为:“词的内部形式取决于所选择的特征。”(据张志毅、张庆云2001)绝大部分复合词的内部形式是完整的,所组成的成分都不同程度地反映了所指客观对象的特征,比如,“脚踏车”的内部形式为“用脚踏着能行走的车”,它离不开其中的“脚”“踏”“车”每一个组成成分的参与,其中的每一个成分都在反映客观对象不同方面的特点。不过,也有一部分复合词,内部构成的各成分不见得都能反映客观对象的什么样的特征。不参与反映客观对象特征的成分具体情形上不完全一样,这可以从成分具体位置不同的角度做出分析说明。

不能具体反映对象特征的成分在所在复合词中的位置,既有前语素,又有后语素。前者比如“鳗鱼”“鲫鱼”“黎明”“山歌”“江米”等,后者比如“籍贯”“红鳟”“色彩”“金鳟”“深奥”等。有关双音复合词中内部形式完整、不完整的详细情况,我们选取了《现代汉语词典》(修订版)中以B、S开头的成员作了抽样统计。② 抽样统计并不能说明整个现代汉语双音复合词的全貌,但也能从中窥见一斑。表4-1是各组统计的具体结果(分别标以B组和S组。下同)。

①复合词既包括双音节的又包括三音节甚至四音节的复合词等不同情况。考虑到双音节复合词是复合词中的主要部分,并出于讨论的方便,这儿只以双音节的复合词作为讨论的主要对象。

②统计的对象限于缩略词以外的全部双音复合词,多义词只统计本义的内部形式。注意,下文中有关双音复合词的统计都是这种抽样统计的结果。

表 4－1　双音节复合词中内部形式抽样统计

B 组

<table>
<tr><td rowspan="7">总量</td><td rowspan="2">完整式</td><td>数量</td><td colspan="4">1200</td></tr>
<tr><td>比例</td><td colspan="4">94. 33%</td></tr>
<tr><td rowspan="5">非完整式</td><td rowspan="4">数量</td><td rowspan="4">72</td><td rowspan="2">前语素</td><td>数量</td><td>43</td></tr>
<tr><td>比例</td><td>59. 72%</td></tr>
<tr><td rowspan="2">后语素</td><td>数量</td><td>29</td></tr>
<tr><td>比例</td><td>40. 28%</td></tr>
<tr><td>比例</td><td colspan="4">5. 67%</td></tr>
</table>

S 组

<table>
<tr><td rowspan="7">总量</td><td rowspan="2">完整式</td><td>数量</td><td colspan="4">2937</td></tr>
<tr><td>比例</td><td colspan="4">99. 02%</td></tr>
<tr><td rowspan="5">非完整式</td><td rowspan="4">数量</td><td rowspan="4">29</td><td rowspan="2">前语素</td><td>数量</td><td>19</td></tr>
<tr><td>比例</td><td>0. 64%</td></tr>
<tr><td rowspan="2">后语素</td><td>数量</td><td>10</td></tr>
<tr><td>比例</td><td>0. 34%</td></tr>
<tr><td>比例</td><td colspan="4">0. 98%</td></tr>
</table>

2. 复合词内部形式中的显性式

内部形式中的显性式是复合词的主要部分，比如“短评”，内部形式是字面上的“简短的评论”；“休会”的内部形式是“停止开会”；等等。而潜性式较为少见，比如“粉墙”，它的内部形式不是粉色的墙，而是指“（用白垩粉）粉刷过的墙”等。这种情况同样反映在抽样统计的结果上，如表 4－2 所示。

表 4－2 显性式和潜性式抽样统计

项目 / 组别	总量	显性式		潜性式	
		数量	比例	数量	比例
B 组	1272	1136	89. 3%	136	10. 69%
S 组	2966	2900	97. 77%	66	2. 23%

3. 复合词内部形式中的实质式、表征式与中间式

（1）复合词内部形式反映出的对象特点，有些是本质上的。根据反映在内部形式中的特性与所指对象的本质特征之间的不同关系可以分为全部式、部分式两类。

第一类，内部形式反映了客观对象的全部本质属性，凭借内部形式就能了解所指的是什么对象，这为全部式。比如“暗害”，其内部形式是由“暗”的“秘密的”和“害”的“杀害”组合形成的，而它恰巧切中了“暗害”的两个本质性的特征，是对其全部本质特征的描述。“实话”的内部形式是“真实的话”——这也刚好同“实话”的全部本质吻合。类似这样的情况在汉语复合词中较为常见。例如：

A 组：

愁容 欢笑 痛斥 暗娼 傲气 爱国 彩色 果园 逼供
赛马 散工 丧服 丧事 骚动 扫视 扫射 森林 杀手
沙尘 沙袋 纱布 砂糖 傻气 筛选 山谷 闪避 闪电
善本 膳费 哀鸣 蒸饼

B 组：

暗暗 茫茫 美美 纷纷 愤愤 稍稍 悠悠 明明 嫂嫂
袅袅 瑟瑟 森森 飒飒 闪闪 潸潸 匆匆 讪讪 冉冉
妈妈

C 组：

语言　寻觅　坚硬　逮捕　接近　诞生　道路　风物　风尚
多事　文雅　风采　撒刁　尘肺　撒欢　帷幄　撒娇　撒腿
撒播　徒手　潜心　散场　散装　散戏　丧生　涂乙　扫地
推托　扫兴　煞笔　删节　默契　谦让　挑唆　缝穷　寻找
美丽　选择　疾病　治理　贫穷　汇聚　牵引

D 组：

是非　彼此　遐迩　远近　公私　胜负　盈亏　吉凶　祸福
原委　收发

同样是反映对象的全部本质特点，但反映它们的具体方式互有出入。A 组用相异的不同语素分别来反映；B 组和 C 组，其构成成分分别是对所指对象同一个特性的重复反映；D 组用意义相反或相对的不同语素来反映。

第二类，所指对象的本质属性是多种的，而借助词语构成成分反映在内部形式中的本质属性只是其中的一部分，这成了部分式。比如“木耳”，它的意义反映了这种植物的多种性质特点，而展现这种意义却是通过“木”的“木头上”和“耳”的“耳朵状”这两个方面的特性实现的，仅只反映出所指对象中的部分属性。而所指对象中的其他部分本质属性未能在内部形式中得到反映。再比如“爱情”，其内部形式是“相爱的感情”，这仅仅反映了所指对象中的某一方面的本质特征，而“男女之间”这一本质性的属性却未能有所反映。“版刻”，其内部形式只反映出所指对象“木板雕刻”的方面——当然，这些确然也都是它们的本质特性，但当中却舍去了对“文字或图画的”这一也是本质属性方面的反映。其中的情况还可以使我们分出互为不同的两个类别。

A. 单性式

词语的构成成分结合在一起选择性地表示所指对象的部分本质属

性，上例中的“爱情”和“雕刻”都是这类情况。类似的例子还有：

帮厨：只反映出“帮助炊事员”，但没有反映出“非炊事人员下厨房”。

散记：只反映出“零散记述”，但没有反映出“对某一事物或活动”。

恬淡：只反映出“恬静不热情”，但没有反映出“不追求名利”。

风物：只反映出“风俗景物”，但没有反映出“一个地方特有”。

文雅：只反映出“温和不粗俗”，但没有反映出“言谈举止”。

盗卖：只反映出“盗窃出卖”，但对盗窃出卖的“公物公产”则没有反映出来。

涂乙：只反映出“删改”，但对删改的对象“文章”则没有加以反映。

风尚：只反映出“风气习惯”，但没有反映出“在一定时期中社会上流行”。

风采：只反映出“态度神采”，但没有反映出这种“态度神采”是来自于“人的外表”。

粮草：只反映出“粮食草料”，但没有反映出这种“粮食草料”是“军用的”。

碰杯：只反映出“举杯相碰”，但没有反映出“饮酒前”。

帷幄：只反映出“帐幕”，但没有反映出“军队使用”。

B. 双性式

如同“木耳”，构成成分各自也都独立反映了所指对象不同方面的本质特性，但由于所指对象自身所具备的特性较多，使得反映在内部形式中这些特性成为部分的。

酒店：只以“酒”来指说对象的一个方面的特性，其他方面的特性比如“供人住”等未见反映。

列车：只反映该车成“列”的这一具体特性，而当中诸如“动力牵引”等特性没有得到具体反映。

风筝：只反映出“筝”凭借风势飞上天空这一特性，而其中像“竹篾等制成”“上面糊纸或绢”等没有得到显示。

烙饼：只反映出该饼因“烙”而成，至于制作过程中需要添加油盐等特性未加反映。

担架：只指出对象中“担”的特性，而“用木棍、竹竿灯做架子”“中间绷着帆布或绳子”等重要特性没有能够被反映出来。

蜜月：只是简单指出“月”的“甜蜜”的具体特性，而诸如“新婚”“第一个月”等事关所指对象重要方面的特性都没有得到展现。

斑马：只反映出该动物外现颜色相间的特性，至于它是“哺乳动物”“听觉灵敏”等没有得到有效反映。

白陶：仅指明这是一种白颜色的陶而已，而诸如它的原料是“高岭土”，方法为“烧制”等重要特性没有反映出来。

C. 半性式

构成成分的意义（见加点部分）虽然也触及了所指对象的实质性方面，但只是对对象某个重要特点部分的而不是全部的反映，比如，“按说”中的“按”只反映出“依照”这一实质性方面，而对所依照的“事实或情理”则并没有反映；“板烟”中的“板”只反映了所指对象的板装货片状特性，并没有指出这种板状或片状是通过压缩而成的这一方面；“白铜”中的“铜”，只反映了所指对象实质性方面中“铜”的部分，却没有具体反映出与铜合于一起的“镍”的内容。再比如：

菜色：“菜”只反映出“吃菜充饥”，而没有反映出同一实质性内容中“营养不良”这一部分。

按时：“时”只反映出“规定时间”中“时间”部分，而对同一内容中的“规定”则没有反映出来。

对称：“称”反映了合适相当的特性，而没有反映出大小、形状、排列等内容。

流利：“利”只反映出“利索”的特性，而“说话清楚”这一连带内容却未见反映。

碍口：“碍”只反映出阻碍的特性，而对于同一内容中“怕难为情或碍于情面”这一部分则没有反映。

消毒：“消”只反映出消除的特性，而对于同一内容中“用化学药品或用物理方法”这一部分内容没有反映。

扫墓：“扫”只反映出打扫的特性，而对于同一内容中“培土”等这些内容则没有反映出来。

刨冰：“刨”只反映出刨成碎片这一特性，而对于需要添加果汁等内容则一概未加反映。

观光：“光”只反映出景物这一特性，而对于同一内容中的“外国的或外地的”这一部分内容没有反映。

表4-3是本质式各类情况在以B、S作为声母的复合词中的具体分布。

表4-3　实质式抽样统计

全部式

项目 / 组别	全部式								
	A组			B组			C组		
	数量	所占比例①		数量	所占比例		数量	所占比例	
B组	301	37.91%	27.97%	0	0	0	493	62.09%	44.94%
S组	1147	74%	42.99%	23	1.48%	0.86%	380	24.51%	14.24%

（注：其中的D组，B声母的双音节复合词中仅有2例，S声母的双音节复合词中也只出现4例，它们因数量少而未列于上表。）

①前一项是所占部分式比例，后一项是所占整个实质式比例。

部分式

项目 / 组别	全部式								
	单性式			双性式			半性式		
	数量	所占比例		数量	所占比例		数量	所占比例	
B组	127	45.04%	11.8%	109	38.65%	10.13%	46	16.31%	4.28%
S组	686	61.35%	25.71%	291	26.02%	10.9%	141	12.61%	5.28%

（2）表征式着重反映对象表之于形的、易于感知的特征，它包括体现式与显示式两种。体现式与显示式在表征类复合词中的具体分布，可以从表4－4的抽样统计中看出个大概来。①

表4－4　表征式抽样统计

项目 / 组别	体现式		显示式	
	数量	所占比例	数量	所占比例
B组	119	82.07%	26	17.93%
S组	184	76.67%	56	23.33%

（3）复合词内部形式对所指对象特点的反映既有实质的又有表征的，这是中间式。比如“虎牙”，其中的“虎”是表征性的，描写所指的具体形象，指“似老虎的牙齿”，而“牙”则是实质性的，反映了所指对象的本质属性。这种情况在汉语复合词中相当多（加黑点的为表征性的部分）：

斑竹　暗笑　鳞伤　虎步　火速　鬼混　人海　板瓦　袋鼠

面条　红棉　白铁　白药　绿卡　熊猫　企鹅　虎将　鱼跃

①体现式与显示式的划分不是绝对的，有些介于两者之间，比如“羊齿”“炮灰”“流产”“龙眼”“败将”“鱼雷”等。对于它们，统计上一律归入体现式。

雀跃 雀斑 鹊起

复合词中实质式、表征式以及互为兼有的中间式在抽样材料中的具体分布见表4－5。

表4－5 中间式抽样统计

项目 组别	实质式		表征式		中间式	
	数量	比例	数量	比例	数量	比例
B组	1076	84.59%	145	11.4%	51	4%
S组	2663	89.95%	240	8.09%	58	1.96%

4. 复合词中的直指式与拐弯式

（1）内部形式直接反映所指对象的特点，这是直指。它又有全直指即全指和部分直指即略指两种情况。前者是指内部形式全面地直接反映对象的各种重要特点，如“愁容”“欢笑”“痛斥”“衣衫”“明明”“茫茫”“果实”“语言”等词的内部形式。只直接反映出对象部分重要或本质特点的是略指，比如“风物”“粗壮”“盗卖”“刨冰”“风尚”“风采”“粮草”“尘肺”“帷幄”“恬淡”等。

抽样统计显示，复合词中全指式占主要的部分，而略指式往往较少（见表4－6）。这种情况一方面表明，汉语社会对所需要命名对象特征的认识十分到位，也能够抓住本质，反映出相当高的认知能力；另一方面表明，汉语社会喜欢从字面来推求表达意义的倾向并非开始于现在。

表4－6 直指式抽样统计

项目 组别	全指式		略指式	
	数量	比例	数量	比例
B组	791	66.47%	399	33.52%
S组	1592	59.89%	1066	40.11%

（2）以一种与所指对象相近的事物或现象曲折地反映对象的特点，这是拐弯式。其中的情况还比较复杂，可以进一步区分出的细类有“喻指”（包括“纯喻”“半喻”“借喻”等）、“引指”以及“借指”“借代”（有关内容参见第二章“内部形式的类别”）等不同情况。它们在复合词中的分布状况见表4－7①：

表4－7　拐弯式抽样统计

项目 \ 组别		B组	S组
喻指	数量	56	224
	比例	68.29%	72.73%
引指	数量	15	2
	比例	18.3%	0.65%
借代	数量	11	82
	比例	13.41%	26.62%
纯喻	数量	17	164
	比例	30.36%	53.25%
半喻	数量	28	60
	比例	50%	19.48%
借喻	数量	11	0
	比例	19.64%	0

（3）直指式与拐弯式在抽样统计中的分布情况见表4－8。

①借指多半是指缩略词语的有关情况，它不在这次统计的范围内。

表4－8 直指式与拐弯式在抽样统计中的分布

项目 组别	直指式		拐弯式	
	数量	比例	数量	比例
B组	1190	93.55%	82	6.45%
S组	2658	89.62%	308	10.38%

直指式与拐弯式的这种分布在新产生的双音复合词中并未出现什么明显变动，以下是有关的具体抽样统计（见表4－9）①。

表4－9 直指式与拐弯式在新产生的双音复合词中的抽样统计

项目 组别	直指式		拐弯式	
	数量	比例	数量	比例
B组	77	83.47%	15	16.53%
S组	235	95.14%	12	4.86%

5. 内部形式中的特征式与评价式

反映所指对象客观特征的内部形式是特征式。例如，“红旗”反映出对象颜色上“红”的特征；“布艺”反映出对象是用布制成的这一材料上的特征，等等。根据抽样统计，反映出对象何种方面的特征以及它们的具体分布如下。

（1）反映对象形状特征或以形状特征曲折反映对象的，B组有76条，约占5.97%；S组有65条，约占2.19%，比如“薄饼”“扁桃”“板瓦”“散装”等。

（2）反映对象颜色特征或以颜色方面特征曲折反映对象的，B组有80条，约占6.29%；S组有2条，约占0.06%，比如“白熊”“白

①以李行健等主编的《新词新语词典》（语文出版社，1989年）中的B、S字头为抽样统计的范围。

陶”“水红”等。

（3）反映对象声音特征或以声音特征曲折反映对象的，B组未出现；S组有3条，约占0.1%，比如“嘶鸣”“嘶哑”等。

（4）反映对象时间特征或以时间特征曲折反映对象的，B组有12条，约占0.9%；S组有84条，约占2.83%，比如“傍晌”“深秋”“时疫”等。

（5）反映对象处所特征或以处所特征曲折反映对象的，B组有28条，约占2.2%；S组有88条，约占2.97%，比如“板书”“壁画”“塞外”“晒台”等。

（6）反映对象原因特征或以原因特征曲折反映对象的，B组有8条，约占0.6%；S组有11条，约占0.37%，比如“事假”“私仇”“沙灾”等。

（7）反映对象结果特征或以结果特征曲折反映对象的，B组有26条，约占2.04%；S组有14条，约占0.47%，比如“暴露”“申明”“收缩”等。

（8）反映对象本质属性特征或以本质属性特征曲折反映对象的，B组有948条，约占74.54%；S组有2549条，约占85.94%，比如“生冷”“石雕”等。

（9）反映所指对象来源特征或以来源特征曲折反映对象的，B组有26条，约占2.04%；S组有8条，约占0.27%，比如“伞兵”等。

（10）反映所指对象用途特征或以用途特征曲折反映对象的，B组有27条，约占2.12%；S组有17条，约占0.57%，比如“便桶”“殡车”“试验田”“烧瓶”等。

（11）反映对象量上的特征或以量的特征曲折反映对象的，B组有42条，约占3.3%；S组有127条，约占4.28%，比如“百货”“八股”“少见”“四座”等。

综合所指对象表现出来的属性而对它们作出某种评价，这是评价式。如“高人”就是对学术、技能等方面水平高的人的评价；而“次品”则是对质量不高的一种评价等。其他的还有“好人”“劣质”“差生”“干将”“美眉”等。

三、附加式的内部形式

词的内部形式研究，主要精力一般都放在复合词上面。这也合乎情理。原因在于，复合词的内部形式不仅复杂，而且探讨得出的类型“具有主要模式的意义”（刘叔新1985）。尽管这样，但作为词构成中的一类，附加式当中的意义靠什么来体现，反映所指对象中怎样的特点，说起来虽不如复合词那么复杂，不过倒还是有必要做专门的研究的。

汉语中的词缀到底应该做怎样的理解，学者们在认识上还存在不小的分歧（马庆株1995）。我们这儿并不想对词缀问题做过多的阐述，为了便于更好地、更集中地分析词语的内部形式，打算顺着吕叔湘先生（1979）提出的类词缀这一思路，粗线条地将词缀总体上分成典型的和非典型的两类。意义上已经完全虚化，不再反映词汇性的意义，这是典型词缀，比如“－子（例子、桌子）”“－巴（尾巴、干巴）”“－么（这么、多么）”“－于（在于、等于）”“－儿（花儿、鱼儿）”“－化（绿化、年轻化）”“－尔（偶尔、率尔）”“－头（后头、里头）”“－里（那里、这里）”“阿－（阿姨、阿飞）”“老－（老虎、老婆）”“－乎（在乎、似乎）”“－乎乎（傻乎乎、胖乎乎）”“－巴巴（眼巴巴、干巴巴）”等；“在语义上还没有完全虚化”（吕叔湘1979：517）的是非典型词缀，比如“－员（社员、信息员）”“－手（歌手、棋手）”“－家（画家、作家）”“－派（反动派、理论派）”“－户（大户、钉子户）”“－者（读者、作者）”“－夫（农夫、车夫）”“－士（战士、斗士）”“－热（计算机热、汉语热）”“－度（低度、高度）”

“可－（可爱、可人）”“－迷（戏迷、球迷）”等。

典型词缀、非典型词缀和单音节、多音节之间能形成诸多不同的组合，对它们的内部形式情况可以分开来进行讨论。

1. 单音节＋典型词缀

典型词缀附加在单音节上时，所能提供该词内部形式的成分无非是单音节和典型词缀这两个方面，但典型词缀由于自身不表达词汇性的意义，并不能从它们之中看到反映了所指称对象上的什么样的特性。若要探究该词的内部形式，唯一可依靠的便是单音节词根。比如，能给“例子”提供内部形式线索的成分只有“例”，而“例”反映所指对象什么样的特性并没有展现在共时的层面上。这就意味着，要在单音节词根里来寻找该类词的内部形式，“其深隐、虚渺以至难以寻知的情形，与一般的单纯词是一样的”（刘叔新 1990：219）。基本上，单音节词根形成的附加式都不存在内部形式的问题。

有时候，重派生式（刘叔新 1990）如“孩子家”“老油子”等，直接成分上分别以“孩子”与“家”形成“孩子家”；分别以“油子”与“老”形成组合。表面上，它们不是由单音节直接加典型词缀而形成，但它们的内部形式最终仍然会具体落实到单音节的词根上面，由单音节词根（“孩子家”中的“孩”、“老油子”中的“油”等）来提供，即重派生式词同样不存在意义展现的内部形式。

2. 单音节＋非典型词缀

非典型词缀区别于典型词缀之处在于，它们当中的词汇性的意义还没有完全虚化，还能从它们当中感觉到词汇性意义的模糊存在。“－家”就是表示从事某种专业或某种活动的人，“－迷”表示对某方面有特别爱好的人，“准”表示程度上虽不完全够但可以作为某类事物看待，等等。它们的意义应该说都还是能被社会觉察到。当它们与单音节形成附加式时，提供内部形式的主要部分虽然也还是单音节词根，但非典型词缀内部的不完全存在的词汇性意义也多少能提供一些展现意义的线索，从而使得这种构成的词在内部形式上变得稍微清晰些。“作家”，其内部形式由构成成分中“作”的“写作”的意义和“家”的“从事某种专业或某种活动的人”共同参与形成，“从事写作活动的人”就是它的内部形式。“球迷”的内部形式就是指对球类运动特别爱好的人。

3. 多语素+典型词缀

典型词缀附加在多语素上，虽然典型词缀并不能有效提供所在词意义的任何线索，但所在词的意义在不依靠它的情况下，还能通过与之组合在一起的其他多个语素身上得到某种线索，从而找出所在词的内部形式。“现代化”中“化”的词汇意义已经完全虚化，它并不能提示所在词意义上的什么线索，不过这不要紧，该词还可以借助“现代”而大概能了解到其存在的内部形式，那就是“现在+（这个）时代”。再比如“代表性”，“性”在它内部形式的形成过程中不起任何作用，其内部形式只是由“代表”中的“代”和“表”组合形成：替代+表达。

虽说所在词的内部形式可以凭着其中词根语素来形成，但由于典型词缀没有能够参与所在词内部形式的生成，因此使得所在词的内部形式缺乏完整性，缺乏将内部形式内容更进一步明确和更进一步解释的可能。这种内部形式应该说是不完整的。

4. 多语素+非典型词缀

多语素是所在词的重要构成成分，同时也是所在词内部形式形成的主要因素。所在词内部形式的具体内容，绝大部分由它们来提供。非典型词缀本身虽然不能供给明确而具体实在的词汇意义，但它们毕竟还能为词汇性意义的揭示提供某种程度的帮助，能从某个侧面为所在词的内部形式提供意义上的一些线索，也参与所在词内部形式的形成，比如“汉语热”“计算机热”等。“汉语热”的内部形式就是由“汉语”和“热”的意义来提供——“-热”表示在某个方面形成的蓬勃发展的景象，生成的内部形式是：汉语（学习、使用）上的蓬勃发展景象。同理，“计算机热”的内部形式就是指“计算机（学习、使用）上的蓬勃发展景象”等。

存在于附加式中的内部形式，产生方式上绝大部分纯粹是直接式。

四、几类特殊词集的内部形式

以上，我们从构成的角度分别对单纯词、合成词中的复合式和附加式等的内部形式做了专门的研究，这有利于从总体上对内部形式在现代汉语词中的各种表现有一个大概的了解。然而，一些特殊词集的内部形式问题单靠泛泛的一般理解还不能深入它们的实质方面，还不能挖掘出隐藏于它们背后的种种特殊性表现。这就有必要专就它们的内部形式进行个别的探讨。

1. 外来词的内部形式

从外族语言中连音带义借入到本族语言中的词，因来源上是外族的而被看作外来词，比如“戈壁”“咖啡”“沙发”“逻辑”“幽默”等。外来词不包括通常所说的意译词、仿译词等。将外来词限定在音译外语词的范围内意味着构成外来词的各成分都只能是一种音节而已。不能承担反映所指对象特性的任务，也就无从谈起所谓的内部形式问题——这是就外来词的一般情形而言的。其实，汉语外来词内部的情况绝非清一色，而是存在较复杂的多种类型。对外来词的内部形式不能一刀切地或者认为它们都没有或者认为它们都有，需要在对其中各类情况做出具体分析的基础上才能做出切合实际的判断。

（1）纯音译词。

①外来词的每一个构成成分都源自相应外语词的某音节的读音，像“巧克力（chocolate）”“的士（taxi）”“芭蕾（ballet）”“米（meter）”“酷（cool）”“印度尼西亚（Indonesia）”“好莱坞（Hollywood）”“探

戈（tango）”“扑克（poker）”“麦克风（microphone）”“吉他（guitar）”“拷贝（copy）”“基因（gene）”“马达（motor）”“引擎（engine）”等。纯音译词各构成成分只同对应着的外语词的有关音节相对应，并不用于指说对象的什么样的特性，不能认为它们当中存在内部形式。①

需要指出的是，外来词所本自的外语词，只是外来词所从出的根据，属于常说到的一种理据，比如，“咖啡”因之于coffee，“沙发”因之于sofa，等等。理据外在于词的结构，同展现意义的内部形式无法相提并论（参见第二章“内部形式与理据”）。

②纯音译词中还存在着另一种情形。外来词构成成分的选择除了兼顾到对应着外语词的具体读音之外（尽可能同外语词的读音保持相同或相近），还根据外语词指称对象的特点，刻意地选择那些有可能帮助反映对象某些特性的成分，从而使得创造出的外来词既在读音上保持同相应外语词的对应，同时又能相当程度地反映出对象上的某些特性，进而某种程度上展现出它们的意义。它可以区分出两类。

A. 外语词本身没有反映对象的什么特点，无内部形式可言，但在经音译加工后而在外来词中却表现出了内部形式。比如，德国造的一种汽车品牌叫Benz，在英语中它是单语素词，没有什么内部形式，引入汉语社会后人们用汉语早先存在着的复合词“奔驰”来音译它，音译Benz的“奔驰”顺势也借用了它原先的内部形式——“跑得快”。由于内部形式恰好暗合了这种汽车性能上的特点，所以很快就被附丽在它的上面而成了该音译词的内部形式。音译Pentium的“奔腾”，情况同于译自Benz的“奔驰”。它将本属于汉语自源词“奔腾”的内部形式

①外语词在所在语言中可能存在内部形式，但外来词的内部形式只能根据它们在汉语中的具体情况来判断。有关分析详见第一章相关内容。

——“跳跃+奔跑”移植到了自己身上，而它又恰恰能大体反映出所指对象上的部分特性：（运行）速度快。

除了直接从汉语词汇中找出现成单位来音译对应着的外语词之外，更大量的则是通过选择汉语材料重新加以组合的方式来音译。比如“绷带”，它根据外语词 bandage 的音读形式而直接从汉语词汇中选择“绷”和“带”来组合。而“绷”的“绷紧”的意义和“带”的“带子”的意义因十分贴近于指说对象的特性，于是也就成了所在外来词的内部形式。类似的例子可以举出“可口可乐（Coca Cola）”“的确良（dacron）”“引得（index）”“维他命（vitamin）”“爱斯不难读（Esperanto）”“味美思（vermouth）”“仙客来（cyclamen）”等。

B 类相反于 A 类，外语词本身就含有内部形式，只是它们所含的内部形式并没有伴随着音译进入汉语中。较为有趣的是，在抛弃外语词原有内部形式的同时社会又根据对所指对象的具体认识而给它们重新选择了内部形式。比如“dipterex”，其原先的内部形式可以表述为：di（双）+pterex（翅膀），汉语在以“敌百虫”音译 dipterex 之后形成了新的内部形式：（一剂）可敌百虫。

王艾录（1998）在谈到纯音译词的这种内部形式时，认为它们与对应着外语词的内部形式无关，并因此提出了所谓的“虚假的内部形式”或“准内部形式”。这种意见可以讨论。外语词与外来词分属不同的语言系统，用外语词是不是含有内部形式来断定外来词内部形式的性质，理论上不合逻辑。再者，内部形式只有在不能正确反映对象特性的情况下，才可能存在虚假的问题，而它们虽然为汉语社会所附会，可是却都能具体反映出所指对象某一方面的特征，如上例中的“的确良”“奔驰”“敌百虫”等。退一步看，姑且承认它们的内部形式都是虚假的，那么它们的真实内部形式会是什么呢？照着王氏的理解，应该是外语词的内部形式，而这显然难以为人所接受。由此看来，纯音译词的内部形式同汉语中其他一般词的内部形式没有什么本质的不同，不存在“虚假的内部形式”或“准内部形式”。

应该看到，纯音译词的内部形式虽然性质上同汉语本源词没有什么差别，但彼此产生上并不一样，前者是附会式，后者是自源式（参见第二章“内部形式的类别”）。

（2）半音译半意译词。

这类外来词结构上由音译和意译两部分组成。音译部分多半表示不出对象的任何特点，而意译部分能大略地指明对象的部分特性。比如“华尔街”（Wall Street），“华尔”是对 Wall 的音译，反映对象什么样的特性不清楚，与之组合在一起的、意译 Street 的“街”倒能提示：所在词意义上表示的是一种街道。这方面的例子再比如（加点部分为意译）“摩托车（motorcycle）”“冰淇淋（ice－cream）”“道林纸（dowling paper）”“唐宁街（Downing Street）”“马克思主义（Marxism）”“柠檬水（lemonade）”等。它们的内部形式是不完整的。

也有音译部分在关涉外语词具体读音的同时，还尽可能赋予它们意义上的某种理解，典型的例子要算是“迷你裙”。它源自 miniskirt，在英语中指短至膝盖的裙子，内部形式为：mini（微型）+skirt（裙子）。成为汉语借词后，其中的“裙”是意译部分，表明所指对象是一种裙子。音译 mini 的“迷你”，由于音译选择的材料同时能形成某种内部形式：迷惑+你，迂回地反映出对象上的部分特性。这样，能提供内部形式的，不只有意译部分，而且还有音译部分。再比如 yankeelism，汉语中以“洋鬼风”同它对应。“洋鬼”音译 Yankee，“风”意译 ism。Yankeelism 的内部形式原本为：Yankee（美国佬）+ism（主义）。成为“洋鬼风”后，除意译部分“风”外，音译的“洋鬼”也糅合着意译的内容，表示“西洋人”。很明显，它同样参与了内部形式的形成，内部形式的完整程度上强于“华尔街”之类。

（3）纯音译词 + 表示意义类属的语素。

在纯粹音译的基础上加上表示所在词意义类属的一个汉语语素，这就是该类借词结构上的特点（加点部分为表示意义类属的语素），如“啤酒（beer）”“芭蕾舞（ballet）”“卡宾枪（carbine）”“可兰经（Koran）”“香槟酒（champagne）”“吉普车（jeep）”“酒吧（bar）”“沙丁鱼（sardine）”“太妃糖（toffee）”等。

它们性质上与半音译半意译词较为接近。音译部分不能表明对象的特性，整个借词的内部形式仅由附加上的表示意义类属的汉语语素来提供，上文中的“可兰经”“啤酒”“卡宾枪”等都属此类。另有一些像“芭蕾舞”“香槟酒”等，音译部分的“芭蕾”“香槟”能独立使用并且具有意义——源自对应外语词。这种情况下，展现它们的意义就不单靠附加上的汉语语素，已经具有意义的音译部分也会参与进来，与汉语语素共同形成所在单位的内部形式。“芭蕾舞”的内部形式就是由“芭蕾”的意义和“舞”的意义组合形成；“香槟酒”的内部形式就是由“香槟”的意义和“酒”的意义组合形成。不过，音译部分表示的意义多半十分笼统，组合形成的内部形式也仍然只能看作是不完整的。

有时，其中的音译成分同时也能示意，比如“拖拉机（трактор）”中的“拖拉”、“踢踏舞（titup）”中的“踢踏”、“霓虹灯（neon）”中的“霓虹”等。“拖拉”反映所指对象上需要“拖”“拉”的特性；“踢踏”提示这种舞蹈主要靠“踢”和“踏”这两种主要动作来完成和实现；“霓虹”反映对象能发出像“霓”和“虹”一样的光。这样一来，它们的内部形式无疑又是完整的、充分的。

（4）借形词。

搬借自日语的一部分词，看上去就像是完全以汉语自身固有材料构造的意译词，比如“文化”“干部”“背景”“经理”“博士”“经济”“反映”“传票”等。它们是专门的一类，称为借形词。

日语曾在古代大量吸收了汉语中的词，并把它们改造成为日语词汇的成员，就是日语中的汉语来源外来词。到了近代，日本在经济、文化、政治等方面全方位学习欧美，并同时吸收了欧美诸语言中的大量词语。语言词语的借用上，日语往往利用某个来自古代汉语的外来词或者用汉语来源的外来词的组合来翻译①。比如，“文明”在《易经》中已出现：“天下文明”，它指“文理光明”，后来该词被日语“原形不动”地搬借过去用于对英语 civilization 的意译。再比如“文学”，其在《论语》中已经出现：“文学，子游子夏”，不过它表示“文章博学”的意思。它后来也被日语“原形不动”地借用过去用于对英语 literature 的意译。中国向西方学习晚于日本，发现要引入的很多概念早已被日语用汉语来源的材料创造了出来，因而也就没有再费一道手续把欧美各国语言中的词语连音带义地加以搬借，采用的是拿来主义，将日语中就它们用汉语来源的外来词作了意译的现成词语搬取回来。这种借入，同从欧美各国“连音带义”借入方式的外来词的情况不同，它采用的是“连形带义”。②

借形外来词的内部形式问题，还未见学术界有人对此关注过。这是不是在暗示，借形词内部根本不存在什么内部形式？

从日语引入汉语的借形词存在着多种产生途径，对它们是否存在内部形式的探讨应该分开来进行探讨，这样会比较方便于把问题分析得更为深入些。下面是不同情形的一些具体例子。

A 类：

革命　机械　经济　文学　具体　保险　阶级

---

①不排除利用日语创造出的汉字组合或含有此类汉字的组合来音译欧美语言中有关词语的情况。

②对于日语自造的一些汉字，汉语在将它们搬取回来的时候，恐怕不只是连形带义，还得同时需要连音带义。

演说　同志　博士　专制　文明　分析　学士

B类：

直觉　演绎　否决　议会　历史　反应　直接　改良

批评　企业　消极　抽象　概括　背景　单位

C类：

手续　场合　引渡　见习　取缔

A类各词，实际上是日语利用古汉语中既成的词①意译了欧美语言词语。日语在利用古汉语这类词意译欧美词语的过程中，尽可能保留住古汉语词原先存在的内部形式，并且刻意地用这种内部形式为意译的借入词服务。比如“革命”，它在“汤武革命，顺乎天而应乎人”（《易经·革卦》）中的内部形式是指“变革天命”，日语正是利用了“革命”的“变革天命”这一内部形式来意译了借自英语的revolution，而且意义上同英语中的revolution的意思非常贴切。再比如“文学”，出现在“文学，子游子夏”中表现出来的内部形式为“文章博学”，日语正是利用了“文学”的这一内部形式来意译英语的literature，意义上也恰好同英语中的literature的意思较为接近。像“革命”“文学”等，不只它们的形义，就连原先存在于汉语中的内部形式等也都一并被日语借去②用于帮助意译欧美词语，这使得日语中的这些意译词也具有了内部形式。当汉语重新将这些装了新酒的旧瓶拿回来的时候，造词之初用于展现各自意义的内部形式尚能为社会特别是有较高文化素养的人所觉察到，可以说它们都存在着内部形式，只是这种内部形式隐藏得稍微隐晦些罢了。

B类各词的情况与A类有所不同。日语分别利用古汉语中的两个单

①在古汉语中，有些不见得成得了词，具有词的资格，这儿对此并未做严格的区分。

②内部形式是不是被日语有意借用，这很不好说。一种可能的情况是，它们的内部形式随着字形而被无意地借入。

音词组合起来意译西方语言的新词。比如，日语就用从古汉语中借来的两个单音词“直”和“觉”构成“直觉”来意译intuition；选取古汉语中的两个单音词“议”和“会”形成“议会”来翻译parliament。日本社会在利用古汉语单音词意译西方语言的过程中，显然也利用了各自单音词的意义以帮助翻译对应的外语词。“直觉”的“直接的感觉”的内部形式就很好地展现了intuition的意义，“议会”的“议论的会场”同样也反映了parliament的主要特性。

汉语引进这些单位之后，由于当初用于形成内部形式构成成分的意义还存在于汉语社会当中（尽管它们中的大多数已经由词的身份降格为不成词语素）。因此，汉语社会在接触到它们时仍然会通过各构成成分的意义意识到内部形式的存在。

C类都是日语自源词，只不过记写成汉字形式而已。日本社会用它们来翻译欧美词语时，可能依靠构成成分的意义来意译对应的欧美词语，也可能只是音译。然而，不管造词之初的具体情形怎样，一旦也被借入之后，汉语社会就会根据构成成分在汉语中的具体理解来展现各自单位的意义。比如“取缔”，汉语社会将它的内部形式理解成“取消缔结”，而这种用汉语意义附会上的内部形式又恰巧能展现出当初所借自的英语词ban的意义。再比如“引渡”，汉语社会理解成的“引导渡过”基本上能反映出extradite所指说对象的本质特点，同样是可以看作它的内部形式的。

（5）字母词。

写成的含有字母的单位或者就是由字母组成的单位，都可以归入字母词的范围。前者比如“B超”“BP机”“α射线”等，后者比如“CT”“TNT”“TOEFL”等。王吉辉（1996a；1999）论证指出，字母词基本上都是汉语中的词汇成员，都可以看成汉语中的外来词。

字母词中纯字母式这一类，它们在音读上可以大体区分为两类：

①照着字母按字母音来读，比如，CT读成si和ti，TNT读成ti、en和ti，DDT读成di、di和ti，GRE读成ji、a和yi，等等。

②按着拼读音来读，比如，TOEFL读成tuo和fu，RADAR读成lei和da，LASER读成lei和she，等等。

纯字母式不管根据何种方式来发音，都纯然是音译的，同音译词毫无二致。若是说区别，顶多在书写形式上不同而已。实际上，它们中的有些既可以写成字母形式，同时又可以有它们的汉字形式。TNT有时写成“梯恩梯”，DDT同样也能写成“滴滴涕”，TOEFL能写成“托福”等。显然，当中的成分——字母反映对象什么样的特性根本就不清楚，事实上也无法弄清楚，它们都不存在内部形式是不争的事实。

对于混合式即杂有字母的单位来说，内部形式明显地存在着。根据当中的不同情况可以区分出如下几类。

第一类，字母部分仅仅是表示所属类别的顺序，不以任何方式反映所指对象上的任何特性。字母词的内部形式只能依靠汉字记录的语素来帮助实现。比如“α射线”“β射线”“γ射线”等中的α、β、γ，“维生素A”“维生素B”“维生素C”“维生素D”“维生素E”等中的A、B、C、D、E等，就都是这类情况。

第二类，字母部分参与所在单位内部形式的形成，这方面的例子较为少见。比如“BP机”中的BP①，反映了所指对象在声响上的某种特点；“T恤”中的T，反映了所称说衣服上的T型特点；“A字裙”展现裙子形状上的像A的样子，“Z字路”中的Z反映了道路曲折如同Z之形状，等等。

第三类，字母部分所代表的意义未能进入汉语社会，从而使得汉语社会在接触到这些字母时候根本不明白它们在指称对象上所起的作用。

---

①关于BP的产生原因，社会上有多种不同的说法。这儿只是其中的一种。

比如“T 细胞”中的 T 是 thymus gland 首字母的缩写，可在“T 细胞”中，一般人并不了解它所代表的这种意义，更不可能以这种意义去了解所指称对象上的特点。这种情况下，只能认为它没有参与内部形式的形成。类似这样的情况较为多见些。再比如“PP 效应”“PL 问题”“TPO 原则”“BCS 理论”“NP 完全性”“PASCAL 语言”等。

混合式中的第一类和第三类，内部形式都不完整，唯独第二类的内部形式较为完整。

2. 多义词的内部形式

多义词的不同意义在指称不同的对象，而不同对象一般有其独特的内在属性，这是不是表明，多义词还必得有多个内部形式？逻辑上，不同事物的本质属性往往会成为内部形式展现意义的重要方面，据此形成的内部形式定然不会相同，即使所指事物性质上十分接近，内部形式的差异形成也不例外。

对多义词而言，虽说它内含多项不同的意义，但它们之间却存在着“源生上的关联和联想上的关联”（刘叔新 1990：58），彼此特殊地纠集着。或许正是基于这种考虑，Lakoff（据皮埃特·H. 斯沃涅波埃尔 1995）把多义词项看作原型范畴，即由一个中心意义加上一个或数个因“家族相似形”联系起来的边缘意义而组成的范畴。这样一来，多义词的内部形式实质上只须寻找出作为原型的那一“中心意义”的内部形式，其他“边缘意义”都是围绕着“中心意义”的内部形式，并也由它展现出来的。比如，“成文章”和“成条理”分别是“成章”的两项意义，前者是本义，即 Lakoff 所指说的“中心意义”，后者是在它基础上引申出来的引申义，即 Lakoff 所指说的“边缘意义”。本义“成文章”的内部形式是“成为 + 文章”，本义凭着它可展现出来，同时引申义的“成条理”凭着它也能展现出来。只不过不如“成文章”的内部形式那么直接，而是拐了弯儿的，是通过所从出本义的内部形式间接地展现出来的。

张绍麒（1992）根据语词内部形式与所指之间的联想关系指出，通过联想概括的某些思想内容如果是通过语言中已有的某一词独立表现出来的，那么这个被选用的已有词的所指就会成为新造词的内部语义形式，比如，“兵”本义为兵器，由于接近联想的作用，它又被用来指使用兵器的人。这样，原来的所指“兵器”已经改变了身份，作为表示持这种兵器的人的语词“兵”的内部语义形式存在于该词符号结构之中了。“多义词各意义之间的联系并不是同一层面上的联系，通过联想获得的新的所指和与其有联想关系的原有所指之间实际上是新生词的所指与内部语义形式的关系。”（1992：95）张氏所指这种情况确然存在，像“饭桶”原义指“盛饭用的桶”，时下则成了“比喻只会吃饭而不会做事的人”的内部形式。不过，有必要指出，并非所有的本义都能当成引申义的内部形式看待，毕竟，内部形式只是对意义的展现而非引申，是意义的另一种存在形式而已。况且，本义自身也有通过什么来展现的内部形式问题。除了一部分本义能成为内部形式之外，凭着本义的内部形式来展现引申义，本义多半不会无动于衷，通常还对引申义起某种衬托的作用（详见第二章“内部形式的类别”以及第七章“内部形式与所展现意义关联程度分析”）。

多义词诸引申义虽然与本义共用同一个内部形式，但内部形式展现不同意义的情形不完全相同，可以大体上分出以下几种类型。

（1）多义词具有两个义项，一项是本义，另一项是引申义。引申义凭着本义的内部形式展现出来。如图 4 – 1 所示（➞表示直接展现，⟶表示引申、比喻，⇢表示间接展现。下同）。

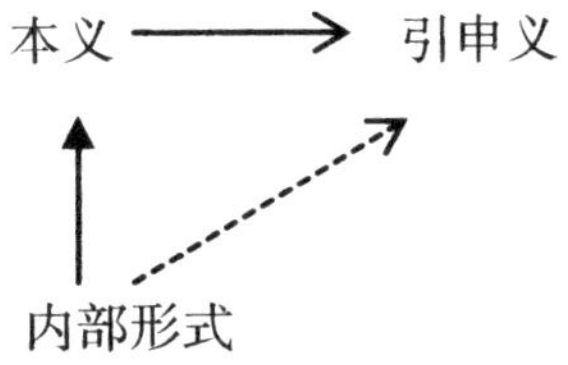

图4-1　一个引申义的内部展现形式

比如：

革除：
- 内部形式：革掉，除去。
- ①铲除；去掉。（本义）
- ②开除；撤职。

更新：
- 内部形式：更换（成）新的。
- ①旧的去了，新的来到。（本义）
- ②森林经过采伐、火灾或破坏后重新长起来。

梗塞：
- 内部形式：阻碍，塞住。
- ①阻塞。（本义）
- ②局部动脉堵塞，血流停止。

工休：
- 内部形式：工作（后）的休息。
- ①指工作一阶段的休息。（本义）
- ②指工间休息。

虽然引申义隔着本义同内部形式发生关系，但由于引申义只是凭借推演的方式引申而来，这使得引申义同内部形式之间的关系显得并不那么疏远和难以琢磨。

（2）多义词具有两个义项，一项是本义，另一项是比喻义。比喻义凭着本义的内部形式展现出来。如图 4－2 所示。

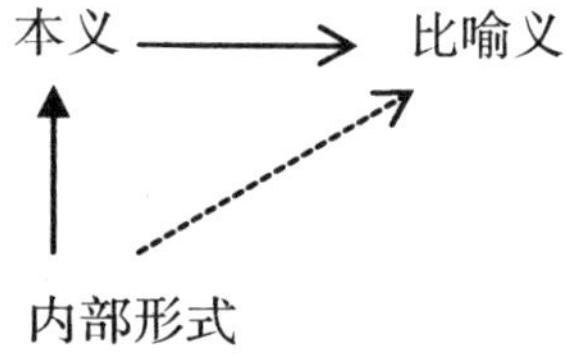

图 4－2　一个比喻义的内部展现形式

比如：

渗入：
- 内部形式：（液体）渗到里面。
- ①液体慢慢地渗到里面去。（本义）
- ②比喻某种势力无孔不入地钻进来。

生产：
- 内部形式：生（出来），产（出来）。
- ①人们使用工具来创造各种生产资料和生活资料。（本义）
- ②生孩子。

够本：
- 内部形式：够上本钱。
- ①买卖不赔不赚；赌博不输不赢。（本义）
- ②比喻得失相当。

攻坚：
- 内部形式：攻打坚固（的东西）。
- ①攻打敌人的坚固防御工事。（本义）
- ②比喻努力解决某项任务中最困难的问题。

比喻义不像引申义，它以本义为触发点，借助联想而最终实现。比喻义同内部形式之间既隔着本义，同时又隔着想象的空间，因此，它们的内部形式需要拐个较大的弯儿方才能意识到。

（3）多义词具有多个义项，除本义外都是引申义。如图 4－3 所示。

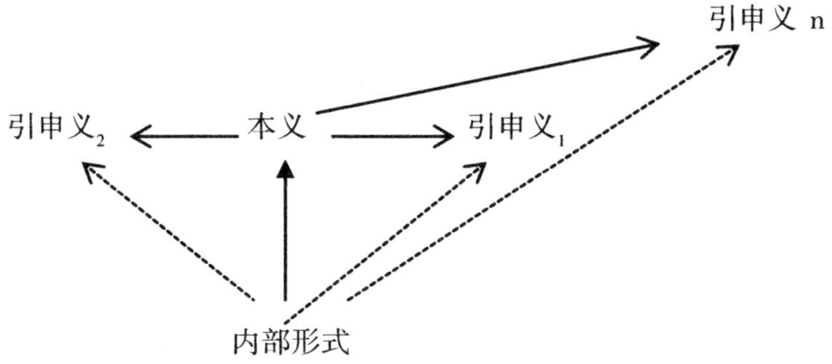

图 4－3　多个引申义的内部展现形式

比如：

继承：
- 内部形式：继续着，承载着。
- ①依法承受。（本义）
- ②泛指把前人的作风、文化知识等接受过来。
- ③后人继续做前人遗留下来的事业。

记录：
- 内部形式：记（下来），录（下来）。
- ①把听到的话或发生的事写下来。（本义）
- ②当场记录下来的材料。
- ③做记录的人。
- ④在一定时期、一定范围内记载下来的最高成绩。

高亢：
- 内部形式：（声音）高。
- ①（声音）高而洪亮。（本义）
- ②（地势）高。
- ③高傲。

告别：
- 内部形式：告诉分别。
- ①离别；分手。（本义）
- ②辞行。
- ③和死者最后诀别，表示哀悼。

有必要指出，当中的诸引申意义虽然都通过同一个内部形式来展现，但内部形式为各引申意义所提供的线索看来并不完全等值。较之于第三个义项，"继承""高亢""告别"等的第二个义项同内部形式之间的关联较为清晰些；较之于第四个义项，"记录"的第二、第三个义项同内部形式之间的联系相对直接、紧密。

（4）多义词具有多个义项，除本义外都是比喻义。如图 4－4 所示。

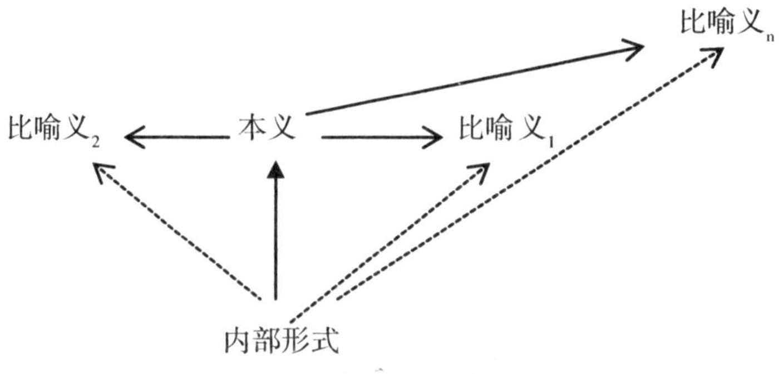

图 4－4　多个比喻义的内部展现形式

比如：

沸腾：
- 内部形式：（水）煮开了。
- ①液体达到一定温度时急剧转化为气体的现象，这时液体发生汽化，产生气泡。
- ②比喻情绪高涨。
- ③比喻喧嚣嘈杂。

翻身：
- 内部形式：翻转身体。
- ①躺着转动身体。
- ②比喻从受压迫、受剥削的情况下解放出来。
- ③比喻改变落后面貌或不利处境。

冻结：
- 内部形式：受冻后凝结（起来）。
- ①液体遇冷凝结；使物体受冻凝结。
- ②比喻阻止流动或变动（指人员、资金等）。
- ③比喻暂不执行或发展。

底牌：
- 内部形式：（扑克牌游戏中）最后亮出来的牌。
- ①扑克牌游戏中最后亮出来的牌。
- ②比喻内情。
- ③比喻留着最后动用的力量。

（5）多义词具有多个义项，除本义外还有引申义、比喻义。如图4－5所示。

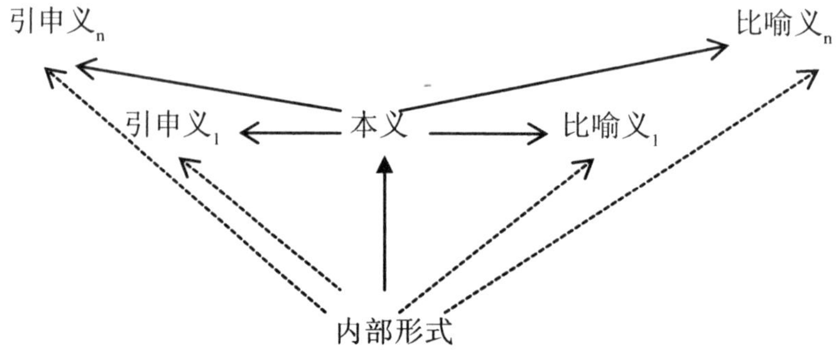

图4-5 既有引申义，又有比喻义的内部展现形式

比如：

飞跃：
- 内部形式：飞（起来），跳（起来）。
- ①事物从旧质到新质的转化。（本义）
- ②比喻突飞猛进。
- ③飞黄腾达；腾空跳跃。

法宝：
- 内部形式：佛法（中的）宝物。
- ①佛教用语，指佛说的法，也指和尚用的衣钵、锡杖等。（本义）
- ②神话中说的能制服或杀伤妖魔的宝物。
- ③比喻用起来特别有效的工具、方法或经验。

垫底儿：
- 内部形式：垫在底下。
- ①在底部放上别的东西。（本义）
- ②先少吃点东西以暂时解饿。
- ③比喻做基础。

同内部形式的关联，一般情况下比喻意义拐的弯儿要比引申意义大。

以上描写的只是多义词中不同意义与内部形式之间的平面联系状况，简单而直观。其实，由于不同意义之间相互错综复杂地关联着，意义与内部形式的联系并非如此单一。有时，转义拐的弯儿比较大，其间不仅需要通过本义，而且还需要通过其他转义后才能同内部形式联系起来。对于这一义项来说，内部形式的存在就相当隐晦。比如“高贵”，它的内部形式是“高级的，贵重的”，展现出来的意义有三项：①达到高度道德水平的；②极为贵重的；③指地位特殊、生活享受优越的。它的第三义项与内部形式之间，隔着的不只是一层（如第一义项的本义），还有另一层（如第二义项的引申义），其间拐的弯儿显然非常大。再比如“放炮”的意义有：①使炮弹发射出去；②点燃引火线，使爆竹爆炸；③用火药爆破岩石、矿石等；④密闭的物体爆裂；⑤比喻发表激烈抨击的言论。其中的③义、④义和⑤义的内部形式都拐着较大的弯儿，而④义拐的弯儿则更大（详细的分析见第七章“内部形式对词语意义的展现”）。

3. 与敬词谦词有关的内部形式问题

马庆株（1996）指出，敬词是含有恭敬尊重的态度色彩的词，主要用来指称或陈述对方或与对方有关的人、事物、动作。谦词则反之，用于指称或陈述自己或与自己有关的人、事物、动作。敬词谦词是词汇中较为特殊的成员，尽管它们也表达理性意义，然而一般地，表达出的态度色彩往往更为社会所关注。因此，敬词谦词的内部形式状况如何是很需要单独拿出来做一番研究的。①

（1）敬词。

用于敬称表达的方式很多。经常运用的一种方式是，把原本用于表

①不论是敬词还是谦词，用于表达的除了“词”之外，也有固定语，比如“引玉之砖”“一孔之见”“刍荛之言”等。这儿只对其中“词”的单位展开研究。

示亲属关系的称谓词直接移用于称呼非亲属关系，比如“大伯”“大娘”“大妈”“大爷”“大哥”“大姐”“阿姨”“大叔”“大婶”等。此外的一种是，直接用含有表示尊敬意义的语素来体现，比如用“恭”构成“恭贺”“恭听”等，用“敬”构成“敬祝”“敬献”等，用“令”组成“令尊”“令堂”等。敬称的前一种表达方式与语用有很大的关系，“尊敬”之意来源于把非亲属关系提升到了亲属关系的程度，可单位自身并没有什么地方能提供敬称表达的任何因素；后一种主要由敬称语素（马庆株 1996）来体现。有关敬称内部形式的问题主要针对上述的后一种情况而言。敬称表达的前一种方式将在第四章的亲属称谓词中来分析。

根据敬称语素参与敬词构成的不同情况可将敬词分成如下 A、B、C 三类。

A 类，敬词由敬称语素和普通语素（即不表示恭敬意义的语素）共同构成①。其中的复杂情况可以大体归为以下两类。

A_1. 宝眷　宝刹　宝号　宝地　雅教　雅意　雅正　华翰　华诞
惠存　惠临　惠顾　惠赠　玉成　玉照　令爱　令郎　令堂
拜辞　拜读　拜访　拜贺　拜托　光顾　光临　赐教　俯念
垂爱　垂问　仰承

A_2. 贵干　贵庚　贵姓　贵恙　贵子　台甫　台端　奉告　奉还
奉陪　奉劝　大作　大人　高见　高就　高龄　高寿　高足

A 类各敬词，敬称语素之外的成分反映所指的什么样的特点都比较清楚。“宝眷”中的“眷”指“家眷”；“惠临”中的“临”表示“到”；“大作”中的“作”指“作品”。然而，敬称语素在其中的表现

---

①敬称语素可以添加的成分不少，其中有些已经成为语言中的词，有些尚只是言语中使用的临时组合。这当中的具体分别难度较大，我们这儿只以《现代汉语词典》（修订本）中收录的成员作为考察的范围。

却不完全相同。A_1类的各敬称语素在表达尊敬态度的同时，还都较为明确地指明了所指对象某个方面的特性，而且也能为当今社会清晰地意识到。“宝”指“珍贵的”“宝贵的”；“雅”指“高尚的”；“华”表示“漂亮的”“华美的”；“惠”反映出“使说话人得到好处”的特性；“玉”“令”都反映出“美好的”特性；“拜”反映出“表示敬意的动作”这一特性；“光”反映出“使说话人觉得光荣”的特性；“赐”指“尊长者给予下级、晚辈”；“俯”“垂”指“低下身子”；“仰”指“抬起头”。可以说，A_1各敬词的内部形式基本上比较明显。

A_2中，像“台”“贵”“奉”等敬称语素，反映对象的什么特性已经难以说清楚，它们在词中的主要功用在于表达尊敬的态度。该类的内部形式主要由与敬称语素组合在一起的普通语素来完成，由此展现出来的内部形式都是不完整的。对于“大”“贵”“高”等敬称语素，在不同的敬词中似乎依靠不同的内部形式展现出来：“高”在“高见”中似乎由“高妙”的意义展现出来；在“高就”中似乎由“职位高”的意义展现出来；在“高足”中似乎由“水平高”的意义展现出来；在“高寿”“高龄”中则又似乎由“年龄高”的意义展现出来。“大”“贵”等敬称语素与“高”的情况类似。敬称语素的上述各意义之前我们都标以“似乎”，这表明它们并非确切地反映所指对象的特性。“大作”不是指“大的作品”，“高见”也不是指对方的意见有多么地高妙。实际情况是，这些敬称语素在意义上都有指说“大”的共同倾向，凭着指“大”的共同意义来表明一种敬重的态度（马庆株 1996）。它们的内部形式，除了由与之组合在一起的普通语素来体现之外，敬称语素还能提供有关客观对象中的部分特性，因此，内部形式较为接近完整式。

至于“台端”之类，敬称语素“台”和与之组合的“端”都看不出具体反映了客观对象中的哪方面特性，它们则恐怕连半存的内部形式都算不上了。

B类，敬词全部由敬称语素构成，比如“令尊”“大驾”“台驾”等。全部由敬称语素组成的敬词，表达出来的敬称意义非常突出。由于具体对象的特性没有得到反映而很难看出它们指称的是什么对象，比如，“令尊”本身看不出它是用来指说对方的父亲的；同样，“大驾”本身没有任何提示说明它是用以指说对方。其实，即便它们存在着意义，社会也全然不会顾及，因为社会把它们都当作纯粹是表达敬称的语素了。像B类这种情况，内部形式恐怕只能认为已经完全消失。

C类，敬词由全部普通语素构成，比如“陛下”“殿下”“阁下”“麾下”“膝下”“足下”等。它们的内部形式较为简单，也直白。“陛下”指“台阶的下面”；“足下”指“脚的下面”。汉语中用不敢直呼对方而是用称呼与对方有关的事物来表示对对方的尊敬。以上各例皆由此而有了敬称意义。这种敬称意义是在一定文化背景下形成的，而非由当中的哪一个敬称语素形成。

（2）谦词。

谦词一如敬词，也有一些专门用来表示谦虚意义的语素。比如：

鄙：鄙意、鄙人

敝：敝人

拙：拙笔、拙见

下：下怀、下家、下情、在下

小：小弟、小儿、小号、小可、小女

家：家父、家严、家母、家慈、家兄

舍：舍间、舍亲、舍下

上述各谦称语素除了“舍”之外，反映所指对象什么样的特性一般都还比较明了。“鄙”指“粗俗”“低下”；“敝”指“破旧”；“拙”指“笨拙”；“下”指“地位低下”；“小”指“不如对方大”；“家”

指“家庭”①，等等。谦称语素与组合在一起的普通语素共同形成完整的内部形式。而由谦称语素“舍”构成的词，因看不出它指说了对象的什么特征，是以像“舍间”“舍亲”“舍下”等的内部形式就都只能看作是不完整的——内部形式仅由普通语素来提供。

另有不少词，虽然没有用上表谦词的标记，但也能够表示谦称，比如：

不才　不揣　不敢当　不敏　痴长　刍荛　刍议　菲仪　菲酌
瞽言　管见　寒　门　寒舍　后学　家慈　绵薄　涂鸦　薄技
薄礼　薄酒　薄　面　老朽　斗胆　过奖　错爱　屈尊

这些词里的组成成分都在反映对象不同方面的特性，“不才”指“没有才能”；“薄技”指“微小的技能”，等等，都存在较为清晰的内部形式。这些单位的谦称意义即是通过这样贬低自己或与己方有关的事物来实现的。

4. 亲属称谓词的内部形式

亲属称谓词用于称呼，在于表明说话者同受话者之间的某种关系。它并不像一般词汇成员那样，通过反映所指对象实质性或重要性特点来让社会具体把握客观对象，而通常通过明确与说话者之间的关系而了解所指说的对象是什么。拿汉语中的“父亲”和“教室”来说，“父亲”指“有子女的男人”，它相对于“子女”而言，反映了他们相互之间的一种关系；“教室”没有一定的参照点，社会可以凭借“教”反映出的“教学”和“室”反映出的“房间”来理解所指称的对象。

亲属称谓词通过对相互关系中某种区别性特点的反映来指称一定的对象，这种反映同样是各自意义展现的途径，不能不说也是一种内部形

---

①马庆株（1996）先生对“家”表谦虚的意义进行了分析，指出“家”本来没有谦虚义，由于由“家”构成的词经常使用于表示谦虚的言语中，这种语境的意义就逐渐转移、附丽到“家”这个语素上了，于是“家”便成了没有贬损义的谦虚标记了。

式。“大姨”中的“大”反映出“（排行）最大的”这一特性，“姨”反映出“妈妈的姊妹”这一特性，它们两者合于一起就十分清楚地表明了“大姨”的内部形式，尽管这种反映都以“说话者”为参照点。

现代汉语亲属称谓词较之于其他一般复合词，在内部形式上表现出以下一些特点：

（1）只有实质式没有表征式，其中定性式最为常见，其次是重合式（刘叔新 1985）。内部形式为重合式的亲属称谓词都只以重合相同的成分来构成，像“爸爸”“妈妈”“爷爷”“姑姑”“哥哥”“弟弟”“姐姐”等。定性式构成中表明所在单位根本性质的内容一般以以下两种见到的情况为主：

A. 大哥　大嫂　大舅子　大姐　大姑子　大姨子　大伯子
小姑子　小叔子　小姨子　小舅子　伯父　叔父　祖母
曾祖母

B. 堂兄　堂哥　堂弟　堂姐　堂秭　堂妹　堂伯　堂叔　表兄
表哥　表弟　表姐　表妹　姑表　姨表　表伯　表叔　外甥
外甥女　外孙　外孙女　内兄　内弟

A 类各单位，用相对于己身的排行来表明所指单位的区别性特性。“大哥”中的“大”表示“排行最大的”；“伯父”中的“伯”表明所在序列中的第一个；等等。B 类各单位，用相对于己身的各种关系来表达区别性。“堂”用于与己身没有血缘关系的亲戚，即用它表明“同宗而非嫡亲的亲属”；“表”用于表示“跟祖父、父亲的姐妹的子女的亲戚关系，或跟祖母、母亲的兄弟姐妹的子女的亲戚关系”；“外”“内”用于相对于己身的女性亲戚，前者用以表示“母亲、姐妹或女儿方面的亲戚”，后者用以表示“妻或妻的亲属”，等等。

（2）亲属称谓词内部形式各构成成分都是对与己身相互关系的一种揭示，反映了关系上存在的区别性特征。它们不直接反映客观对象本身的什么特性。

（3）不同亲属称谓词中相同的构成成分基本上能反映出相同的关系特性，从而使得亲属称谓词的内部形式表现得非常整齐，很有规律。比如“大”，在不同亲属称谓词诸如“大哥”“大嫂”“大舅子”“大姐”“大姑子”“大姨子”“大伯子”中，无一例外地都反映出“排行最大的”的关系特性。① 再比如“姐”，它在“姐姐”“表姐”“姐夫”“堂姐”等不同组合的亲属称谓词中都能保持自身意义不变。

五、内部形式在词中的表现特点

刘叔新（1985）曾就复合词内部形式的特点进行过分析，指出：现代汉语复合词的内部形式存在完整程度不等的级别；除去纯粹音译的情形，意义组合的直接成分以单音语素为体现的基础；意义组合的双项性。总结出的这些特点虽然针对复合词的内部形式，但正如刘先生本人所强调的，“复合词的内部形式在现代汉语全部词的内部形式中是占主体体地位的，具有主要模式的意义”（1985：174）。可以说，它们又是所有词的。下面，我们以英语为参照点，在一个更广阔的背景下来观察刘先生所论的这些特点，这样也可以把总结出的汉语复合词内部形式的这些特点通过对比而看得越加清楚。

（1）汉英词在内部形式结构项②的组成上基本上一致，具有双项性。但汉语词内部形式组合上的双项性表现得更为完整、整齐；而英语则不然，不少还表现为组合上的多项性。

---

①“大爷”“大伯”“大娘”“大妈”等一般是当成敬词来用的。

②刘叔新（1985）指出，在具有内部形式的情况下，复合词的词义总含有若干个不同的意思，并且就以这些意思互相组合的方式而表现出来。这“意思”代表着某种特性或事物，同词所指的对象密切相关，通过它来表明词义着重反映对象的什么特点。每个这样的意思，不仅成为词义的成素，而且是内部形式组合的直接成分，也就是该组合的结构项。比如“教室”一词内部形式的两个结构项，是“教学（用）”和“房间”这样两个意思。

附加式形成的词，汉语以结构上的双项组合方式为主①。“读者”的内部形式表现为：“读” + “的人”；“作家”表现为：“（从事）写作” + “的人”。即使如“科学家”“播音员”等由三个音节构成的词，表现出的双项性也同样十分明显。“科学家”表现为“科学” + “家”；“播音员”表现为“播音” + “员”。英语中的情形与此相仿佛。unpleasant 的内部形式表现为：un（不） + pleasant（高兴）；teacher 表现为：teach（教） + er（的人）。即便比如“unhandsome”“unfriendly”等，也同样表现出内部形式上的双项性。unhandsome 表现为“un” + “handsome”；unfriendly 表现为“un” + “friendly”等。

复合词内部形式的情况，汉英稍有分别。汉语复合词中的双音式，比如“木耳”“社会”“学习”“凉菜”“告诉”“信服”“汉奸”等，都是凭组合的两个结构项来组成内部形式的。超出两个语素的复合词，“其中两个语素所含的意思都只是内部形式某一结构项的直接成分，和另一个语素的意思并不处于同一个结构层次。”（刘叔新 1985：177）比如：

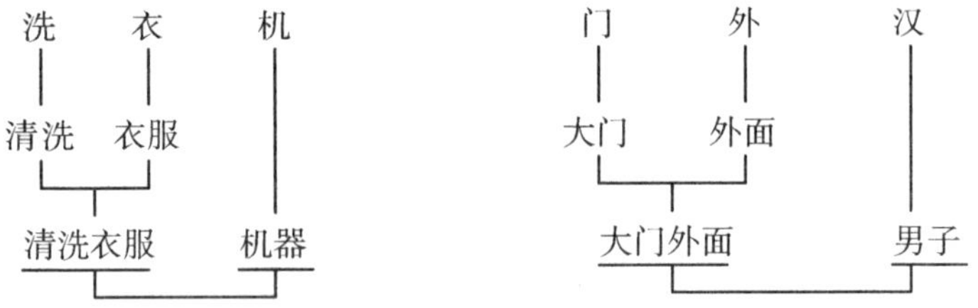

英语中类似汉语复合词这样的内部形式也不是没有，像 step-father，black-bird，foot-ball，chair-man，leap-frog，sun-belt，rain-bow，highway，safe-guard 等，而比如 greatgrandchild，greatgrandson，hardwareman

①词缀虽然不能完全胜任作为一个结构项所应起的作用，但因它们自身存在的某些意义因素毕竟对所在单位意义的形成有相当的帮助，是以不妨也看作结构项。

等由多个语素组成的词，其层次上仍然是双项的：great-grandchild，great-grandson，hardware-man。不过，有相当一些复合词则表现出结构项组合上的多项性，比如 son-in-law，father-in-law，hat-in-hand，hell-for-leather 等。

（2）结构项的表述单位上，汉英存在明显的不同。汉语表现出一个音节的“单字性”（刘叔新 1985），而英语中的情况较为复杂些，既有表现为单音节词和语素的，同时也有表现为多音节词和语素的。

汉语词内部形式结构项的表述单位存在如下两种情况：

A 类：

A_1：书写　同学　日记　天气　贵重　心腹　足球　语言　歌曲
演唱　台灯　暴雨　腐败　教育　出版

A_2：童话　地衣　兜肚　拐棍

B 类：

老虎凳　土皇帝　挡箭牌　通心粉　童养媳　大锅饭
银行卡　走读生　半边莲　美人蕉

A_1类为双音复合词，各个音节为不同的结构项所隔开并表达不同的结构项，结构项的表述呈现明显的单语素性。表面上，A_2类情况和A_1类没有什么差别。只是，加点的部分汉语中还同时存在有对应的合成词的表达方式，比如“童”对应于“儿童”，“衣”对应于“衣服”，“肚”对应于“肚子”，“棍”对应于“棍子”等。词中没有用它们而用表达同样意思的单音语素来表述结构项，这说明结构项的单语素性特点起了很大的作用。

B 类各单位同 A 类相反，结构项之一（加点部分）的表述不是靠某一个语素，而是靠一个双语素的合成词如“美人”“银行”等，或者靠双语素的临时组合如“大锅”“童养”等来完成。不过，这种情况在汉语词中只占很少的一部分，基本上不影响由 A 类概括出来的单语素性即单字性的结构项表述特点。

英语词内部形式结构项的表述单位存在如下不同情况：

A 类：blackboard chopstick darkroom nickname rainfall windmill leaflet paperbag football chairman griddlecake

B 类：babysitting

C 类：honeycomb great-nephew gingerbread

D 类：disable untrue statement governor likely

结构项上，A 类为单音节的语素，B 类是双音节的语素，而 C 类中加下画线的部分是双音节语素，没有加的部分是单音节语素。这三类中的语素都是成词的，不妨称之为单词性的。而 D 类中的划线部分是不成词的语素，是单语素性的，没有划线部分是单词性的。总的来看，英语词结构项的表述单位较为多样，更不见得像汉语词那样都是单音节的。

第五章　固定语的内部形式

内部形式习惯上用于指说词，只提“词的内部形式”，而从来都不太关心固定语的内部形式问题，似乎只有词才具有内部形式。实际上，这是一种误解，是研究重点偏向后导致的错误印象。词的意义最初形成时反映对象特点所采取形式的情形，在固定语中同样存在。固定语的意义照样存在着靠什么来展现的问题。比如“鹤立鸡群”，它“比喻一个人的才能或仪表在一群人里头显得很突出”，这是它通常为社会所理解的意义，而这种意义是通过组成成分“鹤”“立”“鸡”“群”勾画出的意象“一只鹤站在一群鸡当中”来展现的；再比如“大路边的电线杆——靠边站”，它表达的“离开职位或失去权力”的意义是通过“大路边的电线杆一般都是立在路的旁边”这一意象生动展现出来的。

较词而言，固定语表达复杂的概念，内部形式在反映对象各种特性上也因此十分复杂，呈现出不同于词的一般情形。对固定语的内部形式做出专门的研究与描写，并非多余，相反倒是一件很有意义的工作。“这一探讨有助于准确使用和解释成语的语义，有助于重新分析和归纳成语的结构，有助于全面而清晰地描写汉语词汇系统发展的轨迹，有助于进一步探究汉语词汇和华夏文化的共变关系。”（周光庆 1994）

固定语这一术语较为笼统，它具体包括哪些类别应该加以明确。固定语性质上首先得是固定词组，一些成句子的单位，如“巧妇难为无米之炊”“各人自扫门前雪，休管他人瓦上霜”等谚语，“学而时习之”“谦虚使人进步，骄傲使人落后”等名言警句，“眉头一皱，计上心来”“做一天和尚撞一天钟”等俚句，都是应该排除在它的范围之外的。而它的内部，有两类意义内容上较有特色。一类是体现了科学概念或一定行业领域内的特有概念；另一类是体现了某一个体对象的特殊概念。前者是术语像“历史语言学”“光合作用”等，后者是专名语如“长江三角洲”“光明日报”等。除开这两部分，固定语中余下的单位，意义上都体现了一般的概念，表达了一般性意义，像“天真烂漫”“打抱不平”“不三不四”“九牛一毛”“外甥打灯笼——照舅（旧）”等——这些成员，是一般所谓的成语、惯用语和歇后语部分，也将是这一章里重点讨论的内容。而专门语、专名语等将同专名和专门用语中“词”的部分合在一起，列专章（见第六章）加以详细分析。

一、成语的内部形式

成语的具体理解目前存在不小的分歧，它集中表现为成语与相邻的惯用语的区分上。在我们看来，成语凭之于自身意义上的双层性而同惯用语相区别。这就是说，成语是语言中具有意义双层性的一类固定词组（刘叔新 1984）。“开后门”字面上可理解为“开（房屋）的后面的门”，而它的实际意义则是“利用职权给予不应有的方便和利益”；“遍地开花”表面上指“到处开的都是花”，而实际的意义是“比喻好事情到处出现或普遍发展”；“一五一十”表面上指以五为单位来计数，而其实际上“比喻叙述时清楚而无遗漏”。但凡具有这样两层意义——表层意义（字面意义）和深层意义（真实意义）的固定词组，就都是一种成语。

成语的这两层意义中，表层意义以具体展现出来的景象曲折地反映客观对象的特征，是成语意义最初形成时所采取的形式。因此，通常情况下它就是成语的内部形式（表层意义同内部形式之间的区别详见第二章“内部形式与字面意义”）。

1. 从构成成分反映所指对象的特性来看，成语内部形式存在着完整式与非完整式的区别。

（1）成语各组成成分分别反映了客观对象不同方面的特点，都参与了所在内部形式的形成。离开了其中的任一个成分，内部形式的表述就不完整，甚至根本就不知所云。这是完整式。“鹤立鸡群”靠当中的四个构成成分“鹤”“立”“鸡”“群”共同形成“鹤立在一群鸡中”这样的内部形式；“胸有成竹”凭着“胸”“有”“成”和“竹”形成“胸中已经有现成的竹子存在”这一内部形式。以下就是这方面的例子：

一－针－见－血　杀－鸡－取－卵　过－河－拆－桥
打－草－惊－蛇　九－牛－一－毛　与－虎－谋－皮
瑕－不－掩－瑜　南－辕－北－辙　罄－竹－难－书
悬－梁－刺－骨　得－鱼－忘－筌　隔－靴－搔－痒
明－察－秋－毫　怒－发－冲－冠　白－驹－过－隙
鹊－巢－鸠－占　引－狼－入－室　剖－腹－藏－珠
削－足－适－履　抛－砖－引－玉　张－口－结－舌
缘－木－求－鱼　横－冲－直－撞　扬－汤－止－沸

（2）有些成分出于成语结构上的考虑而拼凑上去，它们没有反映对象的特征，在内部形式形成中不起什么作用。比如“众矢之的”“燃眉之急”中的“之”就是这种情况，是赘词。另一些虽然不能笼统地认为是赘词，因为它们在构成成分中表示某种连接的语法作用，比如“待价而沽”中的“而”表示前后连接的目的关系，等等。不过，揭示出的这种关系无法用于指明对象的实质，与内部形式的形成无关。下面是一些成语内部形式不完整的具体例子（见加点部分）：

引玉之砖　井底之蛙　一丘之貉　丧家之犬　瓮中之鳖　癣疥之疾
黔驴之技　象牙之塔　绣花枕头　问道于盲　玩弄于股掌之上
不翼而飞　不胫而走　沐猴而冠　食言而肥　牵一发而动全身
大杖而走

2. 若所指对象的特点被成语的构成成分具体地展现出来，这是体现式；若客观对象的特点被组成成分充分展现出来的同时还明显地附带生动性形象性，这是显示式。以下是这两类的具体分析。

（1）体现式。如：

A. 清一色　上轨道　乌鸦嘴　引路人　坐冷板凳　小媳妇
暗无天日　百川归海百炼成钢　半路出家　背道而驰
背水一战　病入膏肓　捕风捉影　不痛不痒　步人后尘
春风化雨　大梦初醒　单刀直入　登堂入室　敝帚千金
重蹈覆辙　白璧微瑕　板板六十四　木已成舟　盲人摸象
井底之蛙　明日黄花　投井下石　入木三分　滥竽充数
问道于盲　刻舟求剑　夸父追日　指鹿为马　南柯一梦
画蛇添足

B. 条条－框框　暗礁－险滩　傲雪－欺霜　拔本－塞原
跋山－涉水　百孔－千疮　抱火－寝薪　暴虎－冯河
背本－趋末　闭目－塞听　藏垢－纳污　尺短－寸长
灯红－酒绿　山穷－水尽　木本－水源　凤毛－麟角
泰山－北斗　龙潭－虎穴　牛鬼－蛇神

C. 泰山－鸿毛

D. 如数家珍　如获至宝　如丧考妣　如出一口　如出一辙
如雷贯耳　如临大敌　如梦方醒　如日中天　如火如荼
如胶似漆

E. 一五一十　低三下四　丢三落四　说三道四　五花八门
四面八方　七上八下　八九不离十　十万八千里
不管三七二十一　一退六二五

F. 下里巴人　阳春白雪　柴米油盐　衣食住行

A 类成语各构成成分形成的整体是体现式的，用以体现字面意义的是整个成语的各个组成成分。为成语所概括在内的某种事件或现象，其中包括历史故事、神话、寓言、传说等，从整体上形成了它字面上的意义。“木已成舟”的各个部分参与形成“木头已经做成了船”，这就是它的内部形式。“盲人摸象”的内部形式是概括在当中的被浓缩了的有关瞎子摸象的寓言，都成了它的组成部分。“清一色”指打麻将时由一种花色组成的一副牌；“步人后尘”指跟在别人的后面走；“背水一战”指背对着水来作战；等等。

而 B 类则不然，前后分出的两个部分分别采用体现的方式，是“体现式 + 体现式”，从不同的侧面来表明所指对象的特性，整个成语也因此是体现式的。由于不同组成部分各从不同角度表明了所指对象大体相同的特性，使得表明出来的对象特性，B 类要较 A 类得到更进一步的强调、突显。

C 类中前后分出的两个部分都各自反映对象的特性，只是这种反映属于不同的方面，整个内部形式需要综合这两个部分后才算完整。“泰山鸿毛”的内部形式由“泰山”的“如泰山（一样重）”和“鸿毛”的“如（大雁）的毛（一样轻）”合于一起构成。

D 类与其他各类略有些不同，组成成分中除了表征部分之外，还出现了喻词“如”“似”等——既不表征，也没有表示对象的任何其他实质。它们的出现不会对所在成语中的其他表征部分构成什么影响，或者说，并没有影响对所指对象的表征。该类同上述的 A 类没有任何分别，也同样是体现式的。

E 类将客观对象存在的各种特点通过数字描写的形式展现出来，这就不仅具体，而且还很精确。F 类凭借指说某个或某类对象来表现对象的种种特点，所凭借的对象总是十分具体。“阳春白雪”中的“阳春”和“白雪”分别是两首不同乐曲的名称；“柴米油盐”所指说的四类对象也同样都非常具体。

（2）显示式。比如：

A. 挨板子　翘尾巴　炒鱿鱼　雾里看花　软刀子　有色眼镜
抱薪救火　百花争艳　杯水车薪　闭门造车　遍地开花
并驾齐驱　剥茧抽丝　趁热打铁　量体裁衣　胸有成竹
出污泥而不染　穿针引线　吹毛求疵　垂涎欲滴　打草惊蛇
得鱼忘筌

B. 闭月－羞花　冰清－玉洁　蚕食－鲸吞　藏龙－卧虎
沉鱼－落燕　捶胸－顿足　春兰－秋菊　大刀－阔斧
大风－大浪　单枪－匹马　抵背－扼喉　木雕－泥塑
木人－石心

C. 明枪－暗箭　虾兵－蟹将

D. 如鸟兽散　如鱼得水　如臂使指　如汤沃雪　如蚁附膻
如影随形

A 类整体上显示对象的特点，而 B 类则是通过不同的两个部分对大体相同的特性做不同侧面的反映，反映出来的有关对象的特性因而比前一类明显。C 类的情况稍有不同。“明枪暗箭”的内部形式是“明枪”的“明处的枪”和“暗箭”的“（躲在）隐蔽处的箭”合于一起构成。“虾兵蟹将”中的“虾兵”是“像虾一样的兵”，“蟹将”是指“像蟹一样的将领”，联合这二者而成的“如同虾蟹一样的兵将”才是“虾兵蟹将”所表现出来的内部形式。D 类情况同于 A 类，只不过是多了一个喻词而已。

以上分析的体现式与显示式仅仅是成语内部形式中的基本类型。实际上，单纯地用具体地（体现式）或形象地（显示式）来概括成语内部形式反映客观对象特点的过程是不全面的。成语内部形式反映客观对象的特点，还会存在这样的情形：体现式与显示式相互交错；体现式或显示式与表实质的部分相互并列，等等，表现出来的情况异常复杂。可以列出的还有：

（3）体现式+实质式：一部分具体地反映对象的特性，而与之组成的另一部分是表实质性的，直接表明所指对象的特性。比如（划线部分是“体现式”或“显示式”。下同）①：

暗箭伤人　黑白分明　饱经风霜　本末倒置　不拘绳墨

不露圭角　不落窠臼　重见天日　大发雷霆　吃粉笔灰

（4）显示式+实质式：一部分形象地反映对象的特性，另一部分直接表明对象的实质。比如：

眼中钉　肉中刺　冰炭不相容　残渣余孽　唇齿相依

（5）显示式+对象：成语构成中的一部分是显示式，另一部分不再表明对象的实质，而是直接点出所表明的对象。例如（加下划线部分是显示式，加黑点部分是所表明的对象。下同）：

目光如豆　易如反掌　冷若冰霜　归心似箭　口若悬河

对答如流　恩重如山　人为刀俎，我为鱼肉

（6）体现式+对象：构成中的一部分是体现式，另一部分表明了所指说的对象。比如：

行同狗彘　味同嚼蜡　众志成城　聚蚊成雷

3. 成语内部形式主要通过表征的方式来反映对象的特性，表征出

---

①由于显示式或体现式只是所在固定语中的一部分，所在的这些固定语能否看作成语还有待做出进一步的判断。此处列出的固定语，在我们看来都是有资格当作成语的部分。有关判断的讨论见王吉辉的论述。

的内部形式因为反映具体、形象生动而通常会在人们的脑海中构成一种意象。“成语中的意象，是一种‘表意之象’是一种以隐喻、示现、象征为主要方式而表达人对对象的特定性状特征的体验的建构性图象。”(周光庆 1994)

成语内部形式形成的意象绝大部分是单式的，即只有一个意象。比如“守株待兔”，展现出“一个人正守在树桩边等着兔子过来撞”这样一幅图景；“开后门”具体展现出“一个人去开房间的后门”的图景，等等。类似的成语不少：

跛鳖千里	成竹在胸	重蹈覆辙	单刀直入	戴盆望天
八字打开	拔苗助长	百足之虫，死而不僵		班门弄斧
包打天下	杯弓蛇影	背本趋末	笨鸟先飞	调虎离山
顶天立地	独木难支	绠短汲深	断线风筝	对牛弹琴
脱胎换骨	飞蛾扑火	独辟蹊径	独树一帜	对症下药
丢卒保车	东施效颦			

当然，也有不少成语，内部形式形成的意象是双意象的，能展现出两幅不同的图景。比如“跋山涉水”，其中的“跋山”展现出“人在山间艰难行走”的图景；“涉水”展现出“人踏水前行”的景象，分明存在着两种不同的景象。类似的情形还有一些（意象之间用 - 隔开）：

拔丁 - 抽楔	半斤 - 八两	别鹤 - 孤鸾	摧眉 - 折腰
箪食 - 壶浆	刀山 - 火海	翻江 - 倒海	得陇 - 望蜀
东鳞 - 西爪	东食 - 西宿	杜口 - 裹足	翻云 - 覆雨
废寝 - 忘食	分斤 - 掰两	分庭 - 抗礼	叠床 - 架屋
豆剖 - 瓜分	残垣 - 断壁	鹅行 - 鸭步	翻山 - 越岭
飞沙 - 走石	飞檐 - 走壁	肥马 - 轻裘	魑魅 - 魍魉

此外还有像“牛鬼蛇神”“鳞凤龟龙”等则是多意象的，不过这种情况非常少见。

成语的意象因反映对象特征上的差异而大体存在清晰与一般的分别。像“刀山火海”“飞沙走石”等的意象十分鲜明，而如“分斤掰两”“东食西宿”“别鹤孤鸾”等就稍显差一些，或者至少不及前者那么鲜明。

4. 成语内部形式表明对象的特征，周光庆（1994）概括出了12个类型，它们是：神情·姿态类如“高视阔步”等、行为·作风类如“顺水推舟”等、方式·途径类如“浑水摸鱼”等、物象·形态类如“出水芙蓉”等、氛围·态势类如“风卷残云”等、环境·条件类如“枯木逢春”等、效果·结局类如“游刃有余”等、品格·属性类如“官样文章”等、运动·变化类如“海枯石烂”等、程度·价值类如“登峰造极”等、对应·关联类如“投桃报李”等、心性·意愿类如“胸无城府”等，从特征的内容上给出了不同的类别。

（1）所指对象特征表明出来的性质，有物象、动象、状态等几种不同的情形。而且，各类根据反映对象特性的方式还能进一步区分出形象性较强的显示式（见下列各类中的B式）和较弱的体现式（见下列各类中的A式）。下面是有关分析。

①内部形式呈现出来的是一种物象，是对物象的具体描绘。比如，“井底之蛙”的内部形式是“水井底下的青蛙（只能看到井口大小的天）”，展现出来的图景具体而有趣，使人好像看到了水井底下一只青蛙的具体情景，凭它表现“所见有限”的意思。其中的两类情形很突出：

A. 表明文章　第三世界　独立王国　狗头军师　官样文章
光杆司令　过河卒子　过路财神　空头支票　跳梁小丑
地方粮票　后勤部长　后台老板　冷血动物　连锁反应
外交辞令　小媳妇　九牛一毛　行尸走肉　南辕北辙
断线风筝　绣花枕头　害群之马

B. 一盘散沙　马前卒　银样镴枪头　中流砥柱　棉花耳朵
糖衣炮弹　挡风墙　一丘之貉

②内部形式展现出来的是一种动象，是对动作本身做出的一种具体描绘，比如"囫囵吞枣"的表层意义，表明一种动作：不经过细嚼慢咽就将枣吞下肚。

A. 不痛不痒　七上八下　东拼西凑　东食西宿　东张西望

B. 土崩瓦解　大吹大擂　冰消瓦解　蚕食鲸吞

③内部形式展现出所指对象的某种性质状态，是对所处性质状态的一种具体描绘，比如"犬牙交错"表明这样一种状态：如同狗的牙齿一般参差不齐。再比如：

A. 不三不四　乱七八糟　三心二意　八面玲珑　不稂不莠

B. 手忙脚乱

④内部形式是对事件、过程等的叙述性展现。比如"与虎谋皮"，其内部形式是"同老虎商量着获取虎皮"，这展现的是一个过程。这当中包括的类型主要有：

A. 半路出家　白手起家　摆龙门阵　唱高调　吃后悔药
打小报告　喝西北风　力挽狂澜　川流不息　寸步难行
惜墨如金　罄竹难书　小题大做　养痈遗患　青出于蓝

B. 过河拆桥　杀鸡取卵　打草惊蛇　引火烧身　火中取栗
旧瓶装新酒　风卷残云　天花乱坠

（2）成语内部形式表明所指对象的特点，有些是对所指说对象特点的一次性表征，也有些则从不同角度、不同方面对所指说对象特点进行多次（一般是两次）表征。根据表征对象特性的这些不同情况，全部成语的内部形式可以区分为单纯式和重合式两类。

①单纯式。其中又包括互有差异的结合式与描述式。

A. 成语组成前后部分体现出各不相同的两个意象，它们结合起来才能完整表征对象的全部特性，这是结合式。比如“虾兵蟹将”，分出的“虾兵”“蟹将”分别用以指“像虾一样的士兵”“像螃蟹一样的将领”，体现出不同的意象，可这两个部分只有合起来才是对对象的完整表述，它们是结合着的。“文恬武嬉”“明枪暗箭”“和风细雨”等的情况与此类似。另有个别成语，结合着的部分不只是两项而是多项，如“之乎者也”“牛鬼蛇神”等。

B. 成语组成成分只体现出整体上的一个意象，并通过它来表征对象的特性。“落井下石”透出的意象是：有人掉在井里，人不但不相救反而往井里扔石头。通过这一由成语整体体现出来的意象非常形象地表征了“乘人之危加以陷害”的意义。单纯式中的这一类型最为多见。以下是其中很少的一部分：

雪中送炭　满腹经纶　满城风雨　井底之蛙　隔靴搔痒

顺手牵羊　寄人篱下　问道于盲　拾人牙慧　打落水狗

开后门　炒鱿鱼　喝西北风　另起炉灶　一掷千金　白驹过隙

石投大海　泾渭分明　鹏程万里　双管齐下　鱼龙混杂

削足适履　借刀杀人　借花献佛　不三不四　小题大做

力挽狂澜　釜底游鱼

②重合式：成语分出的不同部分是对所指对象特点的多次表征，只是这种多重表征所表征对象的特性是相同的。比如“魑魅魍魉”中的“魑魅”传说中指山林里能害人的妖怪，而“魍魉”也指传说中的怪物，它们各自体现出的意象虽然不同，可是用以表征对象的特性却完全一样，可以说，成语后半部分的“魍魉”在表征上，是对前半部分“魑魅”的重复，也是对所表征对象特性的再一次强调。这样的情况也不少：

轻描淡写　旁敲侧击　摧枯拉朽　铢积寸累　根深蒂固

翠绕珠围　肩摩毂击　临深履薄　鸠形鹄面　探赜索隐

秦楼楚馆　钟鸣鼎食　鳞次栉比　凤毛麟角　星罗棋布
前呼后拥　狼吞虎咽　龙飞凤舞　煮鹤焚琴　衔环结草
牛鬼蛇神　婆婆妈妈

需要指出，虽然，一般情况下，重合式同语法结构上的并列结构相互一致（像“轻描淡写”“旁敲侧击”“摧枯拉朽”“铢积寸累”“根深蒂固”“翠绕珠围”等又都是并列的语法结构），但不能因此将不同性质的二者混为一谈。重合式针对内部形式表征对象性质的情形来说，而并列关系在于指明组合的不同部分之间语法地位上相互平等。这样，语法上并列的不同部分在内部形式上就不一定是重合式，比如“藕断丝连”，“藕断”与“丝连”相互并列，可并列的每个部分并不能完整地表征出对象的特性，唯有将这二者合在一起才能表征出对象上的特性，在内部形式上其实是单纯式的。类似这样结构并列而内部形式并非重合的成语还有诸如“七上八下”“临渴掘井”“三推阻四”“蹿房越脊”等。

5. 成语内部形式反映所指对象特点而采用的方式，总体上包括单式与复式两类。前者表明，所在成语的内部形式通过一种方式而实现对客观对象特点的反映和概括，它具体包括喻指式、借指式等。复式相反于单式，成语的内部形式不只凭借一种方式来实现，其间也存在有多种不同的组合情形。

（1）单式

①喻指式

从比喻所指对象特性的不同方面可以分为单喻式、重喻式以及借喻式三种。

A. 整个成语都用作喻体，这是单喻式。比如，“遍地开花”的内部形式是“到处都开着花”，而它刚好与“好事情到处出现或普遍发展”的内容有着性质上的类似，所以被整个用来当作后者的喻体对待。

成语中类似这样的例子还有：

守株待兔 刻舟求剑 运斤成风 程门立雪 黄粱一梦
一发千钧 首鼠两端 开门见山 蜀犬吠日 唇亡齿寒
骑虎难下 老马识途 滥竽充数 指鹿为马 投井下石
入木三分 马首是瞻 风云变幻 蚍蜉撼树 破釜沉舟
负荆请罪 穿小鞋 开后门 开绿灯 半瓶醋 擦屁股
墙倒众人推

成语表征对象特性采用的是不是单喻式，一般都容易做出判断。不过有些情况缠杂着各种因素，判断起来稍嫌麻烦些。比如：

如数家珍 如鸟兽散 如虎添翼 如获至宝 如丧考妣
如鱼得水 如日方升 如牛负重 如臂使指 如出一口
如出一辙 如堕五里雾中 如堕烟海 如风过耳 如箭在弦
如解倒悬 如狼牧羊 如雷贯耳 如临大敌 如梦方醒
如日中天 如入无人之境 如汤沃雪 如蚁附膻 如影随形
如泣如诉 如痴如醉 如花似玉 如狼似虎 如饥似渴
如火如荼 如胶似漆

这些成语，只有其中表示明喻的“如”或者“似”等不是喻体的组成，除此的内容则都属于喻体。这种情况下，可考虑将它们也归入单喻式。如果将单喻式中没有出现喻词的一类称作暗喻式，为暗喻式单喻，那么与之相反的这一类不妨称作明喻式，是明喻式单喻。

B. 成语中分出的前后两部分分别通过比喻的方式来曲折地反映对象不同方面的具体特性，这种情况就是重喻式。比如，“虾兵蟹将”中的“虾兵”用以表明参加战斗的士兵无能，而与之并列的“蟹将”则从另一个角度说明参加战斗指挥的将领无能，显然，“虾兵”与“蟹将”各从不同方面反映对象的不同特性，这不同于整体上作为喻体的单喻式，是重喻式。这类情况不多，能举出的例子还有“明枪－暗箭”

“泰山-鸿毛”等。

C. 属于本义的内部形式被借来曲折地反映另一对象的特点，这是借喻式。它与暗喻式单喻类似，不同之处在于，它们往往有个本义同时在起着烘托比喻的作用。例如“拐弯抹角”的内部形式是“（一会儿）拐个弯（一会儿）转个角”，借用来比喻讲话不直截了当，而它的本义“形容走的路曲曲折折”则同时起着烘托的作用。“先天不足”的内部形式是“生下来就不足”，用它来比喻事物的根基差，同时它的本义“指在母体中孕育情况不好，生下来体质就不强”有一种烘托的作用。属于借喻式的这类单位还有一些，像“幕天席地”“扳道岔”“唱双簧”“擦边球”“绊马索”“慈禧太后”“顶梁柱”“黄牌警告”“过河卒子”“冷处理”“地方粮票”“后勤部长”“近亲繁殖”“冷血动物”“连锁反应”“调兵遣将”“短兵相接”“泛滥成灾”“第三世界”等。

有时，本义的内部形式被借用来比喻不只一个对象的特点。“目迷五色”就是例子，它用内部形式“眼睛被五色迷住了”展现“眼睛都看花了”这一本义，但借用做比喻形成的意思却有两个：比喻事物错综复杂，分辨不清；讽喻考官眼力不足，不识真才等。

有必要指出，成语是具有双层意义的一类固定语，典型的成语因为内中没有本义自然也就谈不上存在借喻式的问题。借喻式存在于那些成语惯用语兼属的部分，性质上是“成语-惯用语”的，如C类各例所表明的那样。

当然，除了本义的内部形式被借用来比喻另一对象的特性之外，也有将比喻意义的内部形式借用来再比喻其他对象特性的情况存在。比如“细水长流”，其内部形式是“细小的水流长时间地流动”，通过它比喻“一点一滴、持续不断地做某件事”，同样透过它还可以形成“有计划地节约使用财物，使其经常不缺”的比喻义。“南风不竞”的内部形式是“南方的音乐不强劲”，凭之形成的比喻意义包括：比喻衰弱不振；

比喻竞赛的一方力不能敌。“光杆司令”的内部形式是指没有一兵一卒的司令，凭它而既能展现出“没有下属的负责人”，同时又能展现出“喻指下属离心离德或指挥不动的领导者”。这是借喻式中的另一类。

若从成语概括对象特性的实际情况的不同可以分为确指式喻指、夸大式喻指以及虚构式喻指三种。

A. 内部形式概括了确实存在着或存在过的现象，或者是对现象的真切描写，这些都可以归为确指式喻指。比如，“一五一十”概括的数数的一种方式是确指，它仍然活跃在当今的社会生活中；“负荆请罪”是对存在过的一段历史的真实概括，也是确指；“唇亡齿寒”则是对客观存在现象的真切描述。类似的情形较为多见，以下是其中的部分例子：

一退六二五　三下五除二　不管三七二十一　完璧归赵

得陇望蜀　破釜沉舟　风声鹤唳　草木皆兵　望梅止渴

逢人说项　世外桃源　程门立雪　如鱼得水　如鸟兽散

遍地开花　如获至宝　如饥似渴　走后门　开绿灯　挨板子

碰钉子

B. 通过对客观对象表现出来的特性做出夸张式的描述，这是夸大式。比如，用“十万八千里”来表明“两者之间相差极为悬殊”，其中的“十万八千里”无疑是在夸大；“怒发冲冠”也是在夸大，极言非常愤怒。类似的实例再比如“响遏行云”“气干云霄”“气吞山河”“千钧一发”“回天无力”“汗牛充栋”“九牛一毛”“天壤之别”“九霄云外”“运斤成风”等。

C. 概括在内部形式中的现象都不是现实存在着的或存在过的，而是由社会构拟出来的一种假想，它们都是虚构式。比如“七上八下”不是真的指“七个上，八个下”，而只是用这样一种人为的想象来表示心里的不安；“守株待兔”是对一则寓言的概括，也是虚指。这方面的例子也不在少数：

刻舟求剑　愚公移山　女娲补天　精卫填海　蚍蜉撼树

落井下石　墙倒众人推　不三不四　三长两短　黔驴之技

井底之蛙　戴盆望天　蜀犬吠日

②借指式

A. 单借式。成语内部形式是依靠借代的方式，即通过反映与所指对象相关的特性来实现对所指特性的最终反映。“呜呼哀哉”“之乎者也”等即是其中十分典型的两个例子，前者用于借指“死亡或完结”，后者用于借指“半文不白的话或文章”。此外的例子再比如“下里巴人”“阳春白雪”“衣食住行”等。

B. 重借式。组成的两个部分都是借与所指对象相关的部分来指明对象的特性的。这方面的例子甚为少见，“婆婆妈妈”是一例，用“婆婆”和“妈妈”来构成的理据是这样的：婆婆也好，妈妈也好，她们都爱说话唠叨，所以直接将她们借用过来指说话唠叨。

③引指式

内部形式反映的特点属于本义所表示的对象，喻指需要通过本义才能与内部形式关联起来，因此反映对象的特点是曲折的、间接的。这是引指式，比如“转弯抹角”等。

（2）复式

①喻指式＋直指式

A. 确指式喻指（划线部分）＋直指，比如：

化为泡影　黑白分明　本末倒置　不拘绳墨　重见天日

胸无城府　漏洞百出　人间地狱　眼中钉　肉中刺　冰炭不相容

残渣余孽　瑕瑜互见　满城风雨　满腹肌珠　逐鹿中原

琴瑟和同　情同手足　混淆黑白

有些成语，当中不但出现了表征所指对象的喻体，而且连被表征的对象也都一并出现了。“目光如豆”中的“目光”是需要被表征的对象，“豆”是表征对象的成分，中间由喻词“如”连接。“挥汗成雨”的情况类似，起连接作用的喻词不是表明喻的，而是用上表隐语的“成”等。这其间的情况可以细分为如下的不同类别。

A_1类：

目光如豆　巧舌如簧　胆小如鼠　易如反掌　门庭若市

口若悬河　冷若冰霜　固若金汤　光阴似箭　归心似箭

洞若观火　恩重如山　对答如流

以邻为壑　为鬼为蜮　众志成城　咳唾成珠　聚蚊成雷

人为刀俎，我为鱼肉　行同狗彘　味同嚼蜡　恩同再造

A_2类：

人山人海　心猿意马　米珠薪桂　枪林弹雨　口蜜腹剑

名缰利锁　车水马龙　唇枪舌剑

A_1类这种情况与明喻式单喻、暗喻式单喻等都很不相同，也和“化为泡影”等典型的一类有别。要知道，其他各类中被表征的对象不会出现，一般是借助其他成分被表征出来的。A_1类情况与A_2类近同，成语单位自身全由表征对象的成分和被表征的对象共同组成，区别在于，A_1类出现了喻词，而A_2类没有。A_2类连接本体与喻体的喻词虽然没有出现，但实际上却是暗含的，都可以补出各自的喻词：“人（如）山人（如）海”“心（如）猿意（如）马”“米（如）珠薪（如）桂”“枪（如）林弹（如）雨”“口（如）蜜腹（如）剑”“名（如）缰利（如）锁”。若将“化为泡影”之类的半喻式称作暗喻式的，是暗喻式半喻，那么，如A_1类表明的，则是明喻式的，是明喻式半喻，如A_2类表明的，则是隐语式的，是隐语式半喻。

B. 夸大式喻指 + 直指，比如：

大发雷霆　漫天要价　名扬四海

C. 虚构式喻指+直指，比如：

燕巢幕上　管见所及

②借指式+直指式。比如：

吃开口饭　戴绿帽子　雕虫小技　目不识丁　东床事发

东山再起　独占鳌头　耳目一新　方寸已乱　马路新闻

皮包公司　红头文件　履舄交错　墨迹未干　喝墨水

6. 如词的内部形式所表明的那样，成语内部形式也由不同的意思组成，这些不同的意思构成了成语的结构项①。比如“龙飞凤舞”，它的内部形式是“像龙一样地飞，像凤一样地跳舞”，是内部形式构成的两个意思，分别由“龙飞”和“凤舞”来表达，表现为结构上的两项。双项性正是成语结构项上的重要特点。

成语由三个音节构成的，比如：

开-后门　炒-鱿鱼　挨-闷棍　碰-钉子　穿-小鞋

抱-大腿　眼中-钉　露-尾巴　擦-屁股　揪-辫子

做-文章　绕-弯子　换-脑筋　铁-饭碗

成语由四个音节构成的，比如：

别具-只眼　心血-来潮　鱼龙-混杂　双管-齐下

鹏程-万里　满目-创痍　鱼龙-混杂　炉火-纯青

怒发-冲冠　老马-识途　目-不窥园　良莠-不齐

釜底-游鱼　一气-呵成　川流-不息　相濡-以沫

成语由五个及以上音节构成的，比如：

秋风-扫落叶　玩弄-于股掌之上　树倒-猢狲散

出污泥-而不染　牵一发-而动全身

①只表达语法意义的成分比如“不翼而飞”中的“而”等，不能算作成语构成的一个结构项。

7. 成语内部形式的结构项，表述它的单位呈现出多种情形，有一个音节的、两个音节的，也有三个或以上音节的情况存在。

①三个音节构成的成语，其两个结构项是“1—2”模式，或者是“2—1”模式，表现得十分整齐。比如：

1—2 模式：

抱 – 粗腿　开 – 后门　大 – 染缸　上 – 轨道　小 – 辫子

开 – 快车　开 – 倒车　见 – 阎王　牛 – 脾气　打 – 屁股

打 – 硬仗　末 – 班车　动 – 肝火

2—1 模式：

一锅 – 端　大锅 – 饭　马后 – 炮　马前 – 卒　下坡 – 路

车轮 – 战　乌鸦 – 嘴

②四个音节形成的成语，结构项的表述单位有多种形式，比如：

2—2 模式：

寄人 – 篱下　平分 – 秋色　老马 – 识途　一马 – 当先

一掷 – 千金　另起 – 炉灶　初出 – 茅庐　闻鸡 – 起舞

守株 – 待兔　投桃 – 报李　调虎 – 离山　坐井 – 观天

负荆 – 请罪　举足 – 轻重　磨杵 – 成针　水落 – 石出

临渊 – 羡鱼

2—0—1 模式①：

食言 – 而 – 肥　沐猴 – 而 – 冠　不胫 – 而 – 走　一蹴 – 而 – 就

迎刃 – 而 – 解　待价 – 而 – 沽　竭泽 – 而 – 渔　引领 – 而 – 望

象牙 – 之 – 塔　一丘 – 之 – 貉　引玉 – 之 – 砖　井底 – 之 – 蛙

1—0—2 模式：

---

①成语中表示语法意义的成分像“而”“之”，以及连接本体与喻体的喻词像“如”等都与结构项无涉，因此构成模式中我们以“0”代之。严格地说，这种模式其实就是“2—1”模式的变体，无疑可以归在“2—1”模式中。

危－如－累卵　企－而－望归　泣－如－雨下

1—3 模式：

目－不窥园　石－投大海　掉－以轻心　拾－人牙慧

打－落水狗　鹰－拿燕雀　打－退堂鼓　喝－西北风

下－毛毛雨　吃－窝边草　打－速决战　打－预防针

见－马克思　开－中药铺　杀－回马枪　开－顶风船

坐－冷板凳

3—1 模式：

一衣带－水

有些通过固定格式形成的四音节成语，它们的结构项较为特别。如“说三道四”，当中只有“说”与“道”独立构成表达对象特性的结构项，而“三”和“四”则需要组成“……三……四”这样的固定格式后才整体上表达“这……那……”的意思。换言之，固定格式的“……三……四”成了表达某项意思的一个结构项。对于“说三道四”来说，结构项充其量只有三项，表现为“1—1—1”的模式。其他的比如“一差二错”“朝三暮四”“低三下四”等由固定格式形成的成语都属此类。①

③五音节及以上单位，结构项表述模式常常是“2＋X”模式或“X＋2”模式，就是说，当中的某个结构项通常会采用双音节来表述②：

2＋X 模式：

①形成成语的固定格式当然远不止这些，其他的像“有……有……”“千……万……”等，只是由它们生成的成语似乎能够归入通常见到的“2—2”模式中去，比如“有板－有眼”“有鼻子－有眼儿”“有棱－有角”“有血－有肉”等。

②当然，也有例外的情况发生，像“牵一发而动全身”就是分别由三个音节的“牵一发”和“动全身”来表达的，不过成语中所见到的这类情况很少。

拔出－眼中钉　直待－雨淋头　恨铁－不成钢　树倒－猢狲散

打鸭－惊鸳鸯　玩弄－于股掌之上

X＋2模式：

出淤泥－而－不染

尽管表述结构项的具体单位，在音节多少上有各种情况存在，但结构项依靠双音节来表述的特点还是至为明显，因为上述①、②、③各类中都有它的身影，具有表述的双字性规律。

二、惯用语的内部形式

惯用语不同于成语之处在于，成语具有意义上的双层性，而惯用语则是单层的，从构成成分的字面上就能直接获取所要表达的真实意义。“其貌不扬”就是字面上能看出来的“人的容貌不好看”的意思；“赶时髦”也即“追赶时髦”之义。成语惯用语意义上的这种巨大差别，致使各自意义的展现形式出现了相当大的不同。惯用语的内部形式完全有单独做出描写的价值。

（1）惯用语如同成语，内部形式上也存在程度不等的情况。其中的绝大部分，内部形式凭借各个构成成分的意义来组成，表现出完整性的特点，“风和日丽”即是指“风平和，阳光好”；“以理服人”就是指“用道理来说服人”等。也有少部分的惯用语，内部形式不怎么完整，组成的某些成分究竟反映了所指客观对象中的什么特点或性质是不清楚的，比如“逃之夭夭”中的“夭夭”就是这样。

除此之外，其他方面比如内部形式的结构项、结构项的表述单位等也都与成语的情况极为近同。结构项上，惯用语同于成语，以双项为主，像“热泪－盈眶”“面目－全非”“舍己－救人”“耐人－寻味”等，以及“打－抱不平”“留－后路”“递－条子”“上－断头台”等；结构项的表述单位或者全都是双音节，比如，“热泪－盈眶”“睹物－

思人”“奔走－相告”“弄假－成真”“上行－下效”等；或者经常含有双音节的表述单位，比如“三七开”中的“三七”、“开门红”中的“开门”、“出洋相”中的“洋相”等。

（2）惯用语由于意义上只有一层，因此，它们一般都直接反映了所指对象的实质特点或者特点的重要方面，凭着反映出的这些特点就能展现出所在单位表达的意义。比如“不见不散”，由“不见”的“没有见到”的意义和“不散”的“不走开”的意义合在一起而成为“没有见到（就）不走开”，而这恰巧就是“不见不散”自身需要表达的真实意义。显然，“不见不散”的意义依靠内部形式而被充分地展现出来。又如，“优胜劣汰”的内部形式就是字面上推导出来的“（质量）好的留了下来而（质量）差的被淘汰掉”；“只字不提”的内部形式为“一个字（都）没有提”。类似的情况还有：

损公济私　假冒伪劣　少慢差费　多快好省　风和日丽

价廉物美　耳闻目睹　丰富多彩　大是大非　内忧外患

有理有据　天高云淡　关停并转　跑冒滴漏　名优特新

以理服人　暑来寒往　两个文明　看西洋景　独立王国

穿鞋戴帽　说现成话　捞外快　吹牛皮　讲面子　抱不平

（3）惯用语内部形式表明所指对象的特点，通常都是表实质的①，其中又能进一步区分出联结式、重合式、定性式和选性式等。

A. 联结式

惯用语不同结构项表达的不同意思前后联结起来以后，才能完整表明所指对象的特性。单凭其中一部分表达出来的意义，所反映出的对象特点都只是局部的、片面的。

①惯用语中也存在一些由比喻或借代等方式参与曲折反映对象特点的情况，比如“弥天大罪”中的“弥天”、“一孔之见”中的“一孔”、“燃眉之急”中的“燃眉”、“锦绣河山”中的“锦绣”等。它们的内部形式可以比照着成语中的相关类型来分析，此处不赘。

A_1. 兵多－将广　又红－又专　理屈－词穷　手疾－眼快
有理－有据　粗制－滥造　大吃－大喝　大哭－大闹
口诛－笔伐　调兵－遣将　耳闻－目睹　地利－人和
颠沛－流离　缺吃－少穿　扶老－携幼　人喊－马叫
痛哭－流涕

A_2. 价廉－物美　内忧－外患　谄上－欺下　大是－大非
地广－人稀　大材－小用　优胜－劣汰　南征－北战

A_3. 多－快－好－省　少－慢－差－费　子－丑－寅－卯
伯－仲－叔－季　春－夏－秋－冬　假－冒－伪－劣
名－优－新－特　德－智－体－美－劳

A_4. 偏安－一隅　装－糊涂　不合－时宜　进退－两难
自视－过高　在所－难免　量力－而为　少见－多怪
不言－自明　好景－不常　美中－不足　见利－忘义
一律－平等　假公－济私　严于－律己　言论－自由
舍己－救人　奔走－相告　座－无虚席　冤家－路窄

A_1类，结构项前后两部分虽然表达的意义不同，但它们相互之间存在某种相通的方面：“兵多”指士兵多，“将广”指将领多，在指“多”上彼此相通；“又红”指思想道德方面好，“又专”指专业优秀，在指“好的方面”前后相通；“理屈”指不在理，“词穷”指没有什么话可说，在指“没有……的方面”彼此相通，等等。而且，这种相同都是同一个方向上的，向着同一个方面来说的，或者都指积极的方面像“兵多将广”之类，或者全部指向消极的方面比如“理屈词穷”等。这一点上，A_3类同 A_1类类似，所不同的是相互连接的成分是四项而非两项，如此而已。然而，A 中的第二类与 A_1类、A_3类又都不同，结构项的不同意思是分别从相反或相对的两个方面来作出说明。“价廉”指价格便宜，而“物美”指东西质量好，前后在“便宜无好货”这一事理上相对；“内忧”指国内存在忧患，“外患”指国外存在忧患，彼此在所指忧患的范围上相反，等等。A_4类就更为特殊，与上述各类均不同，所在单位不同结构项只有合在一起才能完整指明所指对象的特性，若撇开当中的任一个结构项，所指对象特性的表述都会受到很大影响，甚至变得不知所云。

B. 重合式

惯用语不同结构项表达的意义相等或相近，所指对象的特点仅凭其中任一部分其实就能很好地表达出来，重合着表达有突显和强调客观对象特点的作用。

B_1. 歌功－颂德　丰富－多彩　阿谀－奉承　改朝－换代

克勤－克俭　丰功－伟绩　凡夫－俗子 神机－妙算

B_2. 好逸－恶劳　反复－无常

B_1类前后结构项意义近同，比如“改朝”同于“换代”，“丰功”近于“伟绩”，等等。而B_2类的后一结构项是从同前结构项相反的角度来说明前结构项的意思。“恶劳”的反面实际上就是“好逸”，是从另一个方面来说明了与“好逸”相同的特性；同样，“无常”是从反方面来说明“反复”的。

C. 定性式

惯用语前后结构项在表明所指对象的特性上有着大体明确的分工：其中的一个结构项（通常是后者）用于指明所指对象所属的大范围的事物，即反映对象所具有的、作为大范围事物的本质特性；另一结构项（通常指前者）反映对象作为大范围事物中一个特殊部分的特征（刘叔新 1985）。比如：

C_1. 恻隐之心　区区之数　方便之门　莫逆之交　组织关系

经济特区　精神文明　文房四宝　通都大邑　文明古国

C_2. 按劳分配　哑然失笑　喋喋不休　奋勇前进　不胜枚举

哈哈大笑　及早回头　扪心自问

C_1类各单位表明对象所属的是一种事物或现象，用名词性的语言单位来表述，像“恻隐之心”中的“心”“方便之门”中的“门”等。C_2类表明所属的是一种动作，像“按劳分配”中的“分配”，“奋勇前进”中的“前进”等。

D. 选性式

惯用语不同结构项只是表达所指对象中的部分特性。比如“遗臭万年”，“遗臭”反映了对象中“不好的方面”，“万年”反映了对象中的时间方面，而对“名声”这一对象中的属性却没有加以反映，这是选性式。

三、歇后语的内部形式

歇后语结构组成上有别于成语、惯用语，它能明显地分成前后两个部分。前一部分通常是对行为、过程或假想的描述，类似于谜语的谜面（以下直接称之为谜面）；后一部分是对前一部分意义上的进一步解释、揭示，类似于谜语的谜底（以下直接称之为谜底）。因此，歇后语的内部形式既会涉及谜面部分，同时还会关涉谜底部分，个中情况远比成语、惯用语复杂。

1. 歇后语的内部形式，从不同角度上能区分出单内部形式与双内部形式、弱内部形式与强内部形式、隐内部形式与显内部形式等各不相同的类型①。

（1）单内部形式与双内部形式

歇后语的谜面以具体生动的表层意义蕴涵着真实意义，是真实意义

①现代汉语范围中的歇后语都有哪些，现在看来还不是很清楚。若仅限以《现代汉语词典》（修订本）所收录的歇后语，则显然过少，不合乎社会使用的实际情况。文中所列各歇后语是在参考有关专书的基础上，凭着作者的语感挑选出来的。

借以展现出来的唯一方面，它实际上就是歇后语自身的内部形式。比如，“老虎屁股——摸不得”中，谜面的“老虎屁股”已经暗含着不能摸这一歇后语所要表达的真实意义，此处只不过是借助谜底“摸不得”再将它进一步明确一下而已。谜面的“老虎屁股”即是该歇后语的内部形式。这种情形为单内部形式。再比如：

八十岁学吹打——老来忙

三月里的桃花——活不了多久

干河滩撒网——瞎张罗

三十年的寡妇——好守（手）

四两棉花——弹（谈）不起来

半边铃铛——响（想）不起来

歇后语的真实意义一方面借助谜面部分来展现，与此同时，揭示谜面的谜底部分恰巧是现代汉语中现成的某个词或者是某个固定语——它们自身也存在着各自的内部形式，而且，凭借着它们的内部形式同样也能将整个歇后语的意义展现出来。比如“铁公鸡——一毛不拔”，谜面的“铁公鸡”实际上已经暗含着所要表达的“小气”的意思，而这种意义还可以从谜底“一毛不拔”的内部形式——“一根毛都不（愿意）拔出来”中看出来。换言之，歇后语的真实意义是依凭着谜面和谜底的内部形式共同展现出来的。我们把歇后语的这类情况称之为双内部形式①。再比如：

大姑娘吃饭——细嚼慢咽

巴掌心里长胡须——老手

①双内部形式的歇后语，谜面和谜底各从不同角度反映客观对象的性质特点，并都能将所要表达的意义展现出来。由于谜面既是歇后语意义的展现，同时又是引出谜底的重要方面，这么看来，谜面部分反映出来的内部形式是歇后语整个意义的最主要的展现，而谜底部分顶多从另一个不同的角度强调这种展现而已，从而达到加深社会理解的目的。

聋子的耳朵——摆设

老虎饿了逮耗子吃——饥不择食

木匠戴枷——自作自受

骑在老虎背上——身不由己

（2）强内部形式、弱内部形式

歇后语的谜面与它的真实意义直接关联着，即谜面自身蕴涵着歇后语所要表达的真实意义——谜底，常人多半能从其中推导出来。比如，在“猫哭老鼠——假慈悲”中，选用“猫哭老鼠”做谜面来展现谜底“假慈悲”的真实意义，既贴切又形象，因为生活经验告诉我们，猫以老鼠为食，而猫竟然为被它吃掉的老鼠伤心哭泣，分明是虚情假意。类似情形就是歇后语中的强内部形式。再比如：

老虎推磨——不听那一套

王八吃西瓜——滚的滚，爬的爬

小葱拌豆腐——一清二白

老鼠过街——人人喊打

大水冲了龙王庙——一家人不认一家人

大姑娘上轿——头一次

肉包子打狗——有去无回

歇后语的谜面只是引出谜底，并不是对所表达真实意义的直接展现，从谜面身上难以捕捉到它们具体指说对象的什么样的特性。歇后语的真实意义需要在谜底的基础上通过谐音等途径帮助来实现。比如“孔夫子搬家——净是书”，此处的“孔夫子搬家”相对于“净是书”这一谜底而言，倒确然很合适，可是，该歇后语要表达的意义不是“净是书”，而是要凭借“书”与“输”的谐音表达“净是输”的意义。这样一来，谜面谜底之间原先十分密切的关系由此被中断，同时，谜面与新的谜底之间又很难再形成其他较为合适的关系，更谈不上具体反映了新对象的什么重要特性或本质特点。不过，如若考虑到它们在引导出谜底上的作用，不妨认为它们也是歇后语的一种内部形式，只是比较弱而已，是弱内部形式。这样的例子相当不少。比如：

飞机上挂暖瓶——水瓶（平）高

外甥打灯笼——照舅（旧）

打架抓胡子——牵（谦）须（虚）

隔着窗户吹喇叭——鸣（名）声在外

老鼠拉秤锤——盗铁（倒贴）

狗皮贴在墙上——不像画（话）

（3）隐内部形式与显内部形式

用以表征所指对象的谜面部分，有些同所指对象的特性能较为直接地联系起来。这是显内部形式。比如：

猫哭老鼠——假慈悲

老虎吃田螺——无从下口

狗拿耗子——多管闲事

关门打瞎子——没跑

马尾吊豆腐——提不起

竹篮打水——一场空

谜面部分指出的对象同所要反映对象的特性不能直接挂上钩，需要首先摸清这些表征对象所暗含的种种特性，然后在此基础上才有可能明确反映对象的何种特点。这是隐内部形式。比如：

黄杏熬北瓜——一色货（借用“黄杏”和“北瓜”的黄色的特性来比喻）

哑巴吃黄连——有苦说不出（借用“黄连”的苦的特性来比喻）

秋后的蚊子——飞不了几天（借用“秋后的蚊子”行将死亡的特性来比喻）

碟子里盛的水——一眼看到底（借用“碟子里盛的水”浅而较容易看到底的特性来比喻）

牛口里的草——扯不出来（借用牛喜食草这一特性来比喻）

苦菜花——心里黄（借用苦菜所开之花是黄颜色这一特性来比喻）

2. 通常地，歇后语的谜面部分是某种行为、活动或事象的表述，生动而具体，都是在用表征的方式表明所指对象的种种特性。表征出的所指对象的特点，有体现式与显示式的不同。下面是对歇后语中单内部形式的分析。

谜面部分是一种行为、过程或抽象的假象，具体但不会给人以鲜明的形象感。这是体现式。比如“十年的野猪——老虎的食”，这“十年的野猪”仅仅是一种抽象的假象，没有什么形象感。其他的还可以举出：

小车儿不拉——推行

小瞎磨刀——亮透了

老寿星吃砒霜——活厌了

先生迷了路——在家也是闲

雕塑匠不给神像叩头——知道老底

磨坊里的驴——听喝

而显示式则不同，谜面部分能给人以鲜明的形象，使人如同见到一般。比如“黄鼠狼给鸡拜年——不安好心”中的谜面部分，仿佛让人看到了黄鼠狼在给鸡拜年的具体情景，有形象感。再如：

门缝里看人——扁的

老鼠钻风箱——两头受气

老鼠戏猫——好大胆

嘴上抹白灰——白说

棺材内伸手——死要钱

猪八戒照镜子——里外不是人①

双内部形式歇后语的情况不同于上述的单内部形式。不只是谜面部分可以表明所指对象的特点，谜底部分也同时能展现出客观对象的特点。谜面部分经常都是表征的，既有体现式又有显示式，而谜底部分则不尽然，表征的和实质的都可能成为表明对象特点的方面。因此，双内部形式歇后语在表明对象特点上有如下种种相互交叉的情形。

（1）谜面和谜底都是体现式，比如：

肝脏的兄弟——窝囊废

隔山亲嘴——没门

过了火的猪脑袋——焦头烂额

猴子坐天下——手忙脚乱

花儿里的牡丹——出类拔萃

花盆搬到被窝里——孤芳自赏

（2）谜面是体现式，谜底是显示式，比如：

嘎雨的脑袋——刺儿头

赶马人的料袋——草包

滑了牙的螺帽——团团转

黄鼠狼听见鸡叫——垂涎三尺

豁牙子过冬——唇亡齿寒

家雀进窝——叽叽喳喳

（3）谜面是体现式，谜底是实质式，比如：

干打雷不下雨——虚张声势

干潭里摸雨——难得

①其实，体现式与显示式之间的界限并不总是很清楚，当中会存在亦此亦彼的情形。此处我们不打算对此做过细的分析。个中具体情形可参照第二章（八）部分体现式与显示式的有关分析。

高粱地里种荞麦——杂种

华容道的曹操——难过

华佗看病——起死回生

槐树上要枣吃——强人所难

（4）谜面和谜底都是显示式，比如：

赶鸭子上架——呱呱叫

刚出屉的包子——热气腾腾

狗尾巴栓秤砣——拖后腿

光腚子坐板凳——有板有眼

黄鼠冬眠——高枕无忧

灰堆里打喷嚏——碰一鼻子灰

（5）谜面是显示式，谜底是体现式，比如：

铁公鸡——一毛不拔

擀面杖吹火——一窍不通

高空跳伞——一落千丈

公鸡飞到屋顶上——唱高调

裹脚布当孝帽——一步登天

黑瞎子按键盘——乱弹琴

葫芦里装水——滴水不漏

（6）谜面是显示式，谜底是实质式，比如：

竹筒倒豆子——一干二净

鸡屁股栓线——扯淡

猴吃芥末——干瞪眼

癞蛤蟆坐金銮殿——梦想

高射炮打苍蝇——大材小用

给老虎引路——帮凶

3. 内部形式表征对象特点的方式，歇后语中的单内部形式与双内部形式不完全相同。前者较为简单，一般有喻指的、暗示的、暗示喻指的和暗示谐指的四种情况。

（1）谜面部分是喻体，通过比喻曲折地反映出所指对象中的各种特性，进而间接地展现出它们所表达的真实意思。比如：

茶杯盖上放鸡蛋——靠不住

猫哭老鼠——假慈悲

坛子里行船——内航（行）

黄鼠狼给鸡拜年——没安好心

狗拿耗子——多管闲事

小驴拉磨——转开圈子了

（2）表征的谜面部分本身同所指说对象的特性没有直接的关系，存在的只是一种暗含着的关联，需要经过一定的暗示才能明了它们曲折地指说了对象上的什么样的特性。比如“出洞的老鼠——东张西望”即是其中的一例。“出洞的老鼠”本身并不能反映所指对象的什么特性，而是以老鼠出洞以后往往有小心翼翼张望四周的特点来关联所指对象的有关特点，并且就以这方面的特性来展现要表达的意义：东张西望。这样的情况不少。

老鼠过街——人人喊打（以老鼠过街时引起路人一致喊打的这种情形来暗示）

老寿星吃砒霜——活厌了（以老寿星吃砒霜的结果来暗示）

老虎身上的虱子——谁敢惹（以虱子在老虎身上没有人敢摸老虎，自然也就摸不到老虎身上的虱子来暗示）

兔子尾巴——长不了（以兔子的尾巴都不太长这样的一种情形来暗示）

瞎子点灯——白费蜡（以瞎子看不见而不需要照明这样的情形来

暗示）

秃子头上的虱子——明摆着（以秃子没有头发而上面的虱子能被很明显地观察到这样的情形来暗示）

和尚看嫁妆——下辈子见（以和尚不能结婚而这辈子无须看嫁妆这样的情况来暗示）

（3）在第二类暗示的基础上再作比喻，是为暗示喻指式。比如：

肉包子打狗——有去无回（以打狗的肉包子反而被吃掉这样的情形来暗示；再以所暗示的情况比喻东西放出去就再也收不回来）

马尾吊豆腐——提不起（以用马的尾巴不能吊起豆腐这样的具体情况来暗示；再以所暗示的情形比喻不可能成功地做成什么事）

茅厕里的砖头——又臭又硬（先以茅厕里的砖头因为粪便的长期浸泡而奇臭这样的情况来暗示；而后以它来比喻东西无任何保存价值）

没了头的苍蝇——乱撞一气（先以苍蝇无头之后乱飞乱撞这样的一种情况来暗示；再以它比喻遇事后没有主意）

阎王爷贴告示——鬼话连篇（以阎王爷贴出的告示都是阎王爷自己的话这样的情况来暗示；再以它比喻缺乏诚意，都是假话）

王八吃秤砣——铁了心（以王八吃秤砣需要下很大的决心这样的情况来暗示；再以它比喻下定决心去做一件事）

（4）在暗示的基础上再通过谐音来转指，这是暗示谐指式。比如：

太上老君叫蛇咬——法尽了（以太上老君叫蛇咬来暗示他的道法已尽；再以法的“道法”转指“方法”“办法”等）

腊月里的萝卜——冻了心（以腊月天冷而地里的萝卜连心都已经被冻这样的情形来暗示；再以冷冻的“冻”谐音“动”而转指“动了心”）

飞机上挂暖瓶——水瓶高（以热水瓶挂在飞机上这样的情况来暗示；再以热水瓶中的“水瓶”谐音“水平”从而转指“水平高”）

小老爷庙——没见过多大的供献（以庙小人们烧香供奉的物品少这样的情况来暗示；再以“供”谐音“贡”而转指“贡献”）

小炉匠的柜子——动手就是锉（以炉匠柜子里放有许多供使用的锉来暗示；再以“锉”谐音“错”，从而表达出“动手就是错”的意思）

瞎子闻见臭——离屎不远了（以瞎子闻到屎的臭味说明屎就不会离他太远这样的情况来暗示；再以“屎”谐音“死”而转指“离死不远了”的意思）

双内部形式歇后语表征对象特点的方式既关涉谜面部分，同时又涉及谜底部分，结合二者而有以下的不同类型：

（1）谜面和谜底都是喻指，比如：

高射炮打苍蝇——大材小用（谜面以动用高射炮消灭蚊子来喻指对象特点；谜底用大的材料用在小处来喻指对象特点）

搁浅的船——进退两难（谜面以搁浅的船来喻指对象特点；谜底则以往前走、往后退都难来喻指对象特点）

撅屁股看飞机——有眼无珠（谜面以撅着屁股看飞机的情形来喻指对象特点；谜底则以有眼睛但没有眼珠来喻指对象特点）

老母猪咬架——以牙还牙（谜面以老母猪打架时用牙相互咬对方的具体情形来喻指对象特点；谜底则以你用牙咬我我同样用牙咬你来喻指对象特点）

裂嘴的包子——露馅儿（谜面以裂开口子的包子来喻指对象特点；谜底以包子已经露出当中的馅儿喻指对象特点）

脸盆里长豆芽菜——知根知底（谜面以豆芽菜长在脸盆里而容易为人所了解来喻指对象特点；谜底则以了解根部、了解底细来喻指对象特点）

（2）谜面是喻指，谜底是直指，比如：

隔靴搔痒——无济于事（谜面以隔着靴子瘙痒来比喻对象特点；谜底直接表明对象的本质特点）

泥菩萨过河——自身难保（谜面以泥菩萨过河时被水浸湿而溶化的这一结果来喻指对象特点；谜底则直接表明对象特点）

锯子锯掉烂木头——摧枯拉朽（谜面以用锯子来锯烂木头喻指对象特点；谜底直接表明了对象特点）

筐中捉蟹——十拿九稳（谜面以蟹在筐中而容易被捉住来喻指对象特点；谜底的“十拿九稳”直接表明了对象的特点）

浪头撞在礁石上——粉身碎骨（谜面以浪头撞在礁石上被撞了个粉碎来喻指对象特点；谜底直接点出了对象的特点）

癞蛤蟆戴花——臭美（谜面以癞蛤蟆戴花来喻指对象特点；谜底则用臭美直接表明了对象特点）

（3）谜面是喻指，谜底是转指，比如：

老虎洞里摆神像——莫名其庙（以“庙”谐音“妙”，转指“莫名其妙”）

老牛吃甘蔗——慢条撕哩（以“撕”谐音“斯”，以“哩”谐音“理”，转指“慢条斯理”）

老牛拉车——载货（以“载”谐音“灾”，以“货”谐音“祸”，转指“灾祸”）

六月的腊肉——有盐在先（以“盐”谐音“言”，转指“有言在先”）

炉膛里插干柴——必燃（以“燃”谐音“然”，转指“必然”）

驴皮贴在墙上——不像画（以“画”谐音“话”，转指“不像话”）

（4）谜面是暗示，谜底是喻指，比如：

百年松树，五月芭蕉——粗枝大叶（谜面以松树老的特点暗示枝

粗，以五月时芭蕉长势很旺的特点暗示叶子大；谜底再以枝粗叶子大来喻指对象特点）

大路边的电线杆——靠边站（谜面以电线杆都立在路的旁边这一特性来暗示对象特点；谜底以靠旁边站喻指对象特点）

赶马人的料袋——草包（谜面以赶马人口袋里装的都是供马用的草料这一情形来暗示对象特点；谜底则用装满草的包来喻指对象特点）

公鸡飞到屋顶上——唱高调（谜面以公鸡飞到屋顶上去啼鸣来暗示对象特点；谜底以唱着调子高的歌曲来比喻对象特点）

江河里行船——看风使舵（谜面以船在江河里行驶来暗示对象特点；谜底以顺着风向来驾船来喻指对象特点）

脚踩火箭——一步登天（谜面以脚踩在火箭上来暗示对象特点；谜底以一步登上天来喻指对象特点）

（5）谜面是暗示，谜底是直指，比如：

钢筋水泥盖鸡窝——一劳永逸（谜面以用钢筋水泥来盖只须简单垒垒的鸡窝这一情况来暗示对象特点；谜底则直接表明了对象特点）

高空跳伞——一落千丈（谜面以从高空跳伞来暗示对象特点；谜底则是直接表明了对象特点）

割韭菜不用镰——胡扯（谜面以不用镰刀去收割韭菜来暗示对象特点；谜底的“胡”与“扯”直接表明了对象的重要特点）

给老虎引路——帮凶（谜面以充当老虎的引路人来暗示对象特点；谜底的“帮”“凶”直接表明了对象中的重要特点）

狗咬拉屎人——忘恩负义（谜面以狗咬拉屎人来暗示对象特点；谜底则直接地点出了对象特点）

和尚戴礼帽——与众不同（谜面以和尚戴着礼帽来暗示对象特点；谜底则直接表明了对象特点）

（6）谜面是暗示，谜底是转指，比如：

光头打伞——无发（法）无天

打架抓胡子——牵（谦）须（虚）

耗子钻到书柜里——食（蚀）本

荷花池里着火——藕（偶）燃（然）

韭菜炒豆腐——一青（清）二白

韭菜炒鸡蛋——冒葱（充）

第六章　缩略词语、专门词语以及专名词语的内部形式问题

一、缩略词语的内部形式

缩略词语包括由原形式缩合而成的缩合词语和由原形式节略而来的节略词。前者比如“劳模（劳动模范）”“彩电（彩色电视机）”“文艺（文学艺术）”“中央军委（中国共产党中央军事委员会）”等；后者譬如“解放军（中国人民解放军）”“民国（中华民国）”“气腹（人工气腹）”等（王吉辉 2001a）。

较之于一般词语的形成而言，缩略词语的产生方式较为特殊，相应地，所在单位意义的展现形式也明显存在自己的个性。因此单独拿出来作专节讨论。

1. 缩合词语

缩合词语以原形式作为基础，通过选取不同意义段的有关成分组合而成（王吉辉 2001），留在缩合词语中的成分由此而只同对应着的原形式发生关系并依赖于原形式，从而形成别具特殊性的内容——这种内容很难用所在成分的一般性意义做出解释——“语素义”实际上是所代表单位意义的浓缩，一个“语素”代表的是一个合成词或者是更大的

单位。比如“长话”的“长”与原形式“长途”对应而指“长途”，“话”与“电话”对应而指电话。然而作为一般语素理解的“长”与“话”根本不存在上述所列之意义。“长”的意义主要是：两点之间的距离大；长度；长处；对某事做得特别好；多余。“话”通常指：说出来的能够表达思想的声音，也指把这种声音记录下来的文字；说，谈。若比照着一般复合词或固定语内部形式的探求方式来寻找缩合词语的内部形式，不仅一无所获，而且很可能会得出错误的结论。

其实，缩合形成的词语都经由原形式缩合而来，已经都不是语言中最初用来表达所指对象性质的形式——最初用来表达所指对象性质的应该是所从出的原形式。这意味着，尽管原形式与它们对应的缩合形式反映着相同的客观对象，但由于原形式才是意义形成时的初始形式，因此，只有它们中的构成成分才会直接同所指说的客观对象发生关联，也即，展现意义的内部形式理论上只存在于原形式中。缩合词语的构成成分并不如普通词语那样直接用于客观对象性质特点的表述，从它们中根本看不出到底反映了所指对象的何种性质、何种特点。

要知道，社会理解缩合词语时通常首先将它们同各自对应着的原形式联系起来，再借助原形式来理解所指说的对象是什么，表达了怎么样的意义。《现代汉语词典》（修订本）在解释“化肥”“化工”和“化纤”的时候，都开门见山直接指明它们的简称性质——化肥：化学肥料的简称；化工：化学工业的简称；化纤：化学纤维的简称。而后，再对什么是“化学肥料”“化学工业”和“化学纤维”做出详细阐释。

化学肥料：以空气、水、矿物等为原料，经过化学反应或机械加工制成的肥料，肥分多，见效快，通常用做追肥。有氮肥、磷肥、钾肥及微量元素肥料等。

化学工业：利用化学反应生产化学产品的工业，包括基本化学工业和塑料、合成纤维、石油、橡胶、药剂、染料等各种工业。

化学纤维：用高分子化合物为原料制成的纤维。用天然的高分子化合物制成的叫人造纤维，用合成的高分子化合物制成的叫合成纤维。

照这么看，原形式所内含的内部形式同时也是它们各自缩合词语的内部形式，缩合词语凭借原形式而间接地具有了内部形式。可以说，缩合词语的内部形式在性质上是非独立的、寄生式的。而且，原形式往往通过直指的方式来反映客观对象的本质特点，这使得缩合词语的内部形式相应地也都是表实质的，是直指的。表 8－1 是一组缩合词语内部形式的分析实例：

表 8－1　缩合词语的内部形式示例

缩合词语	寄生于	原形式	内部形式
彩电	→	彩色电视机	多彩的＋颜色＋通电的＋可视的＋机器
电扇	→	电风扇	通电的＋产生风＋（类似于）扇子
彩扩	→	彩色扩印	多彩的＋颜色＋扩大＋洗印
女双	→	女子双打	女的＋两个人（一组）的＋比赛
地铁	→	地下铁道	地表＋下面＋（铺有）铁轨的＋道路
高中	→	高级中学	高等级的＋年级＋中等（教育）的＋学校

缩合词语既然与原形式相对，是不是可以直接把原形式当作它们的内部形式？原形式是表达意义的具有固定性质的词汇单位，而不是所承载意义的展现形式。它们以原形式为基础而产生，但这种产生，顶多为原先只有原形式才可以称说的客观对象增加一种新的称说方式而已，不能因为缩合词语产生于原形式就把原形式当作缩合词语的意义内容来理解。现在，社会在解释缩合词语的时候，通常只是把它们的原形式权且当作意义内容的诠释了，比如《现代汉语词典》（修订本）对有些条目的处理就是这样，试看：

科技：科学技术。　　彩电：彩色电视的简称。

科教：科学教育。　　彩照：彩色照片。

科普：科学普及。　　　　　　　　　　彩卷：彩色胶卷。

科研：科学研究。　　　　　　　　　　彩扩：彩色照片扩印。

有关缩略词语的专书则更是如此（王魁京等 1996；刘一玲 1998；王均熙 1998）。然而，这仅仅是工具书编纂中的一种编写方式，不能因此就断定原形式就是各自对应缩合词语的意义内容。原形式根本不能作为缩合词语的内部形式看待，这在理论上应该明确下来。当然，如果纯然出于称呼的方便而直接把原形式当作缩合词语的内部形式，倒不是一定就不可以，但其背后的实质是一定得了然于心的。

此外，有些通过缩合方式产生的缩合词语，它们的原形式由于种种原因而基本上为社会所遗忘，社会对它们已无须再通过原形式来理解，可以径直地将它们与所指说的客观对象联系起来。比如“发票（发货票）”“火车（火轮车）”“酬金（酬劳金）”“空调（空气调节器）”“干警（干部警察）”等。这种情况下，它们已同一般的复合词没有什么区别，有关内部形式的探求完全可以比照着复合词来进行。

2. 节略词

节略截取的语言片段，在原形式中是其内部形式组成的有效部分，而经节略独立出来以后，原先自身可能具有的内部形式也随之剥离开原形式，或者独立出来，或者由此而消失。若节略截取的部分恰好是复合词，那么就可以按照复合词内部形式的求索办法来求证，比如“牵牛（牵牛花）”，其内部形式为“牵着的牛”；“电筒（手电筒）”，它的内部形式就是“（供）电的筒”；“解放军（中国人民解放军）”的内部形式就是“解除束缚的军队”；等等。若节略截取的部分刚好是原形式中的附加式或单纯词，如“印子（印子钱）”这样附加有典型词缀的节略词①和“津（天津）”“川（四川）”等单纯词，它们的内部形式因独立

①当然，如果附加的是非典型的词缀，它们的内部形式则一般是能够探求的。

而消失。

由于节略词是截取原形式中的某个现成部分而形成，在内部形式上，它们显然不可能等同于各自对应的原形式，但是这只表明彼此在反映同一对象性质特点上存在差异罢了，并不妨碍它们用于指说共同的客观对象。如果说，原形式的内部形式较为全面地反映了客观对象各方面的性质特点，是内部形式中的全部式，那么，节略词的内部形式从某个侧面反映客观对象的性质特点，则可以归入内部形式中的部分式。

3. 数据词语①

用具体数字概括并列出现的项目而形成数据词语，比如：

三馆（博物馆、图书馆、文化馆）

三棋（围棋、象棋、国际象棋）

四书（《大学》《中庸》《论语》《孟子》）

五好战士（政治思想好、三八作风好、军事技术好、完成任务好、锻炼身体好）

数据词语所据以产生的语言片段不同于缩略词语的原形式，它们都属于数据词语概括的对象，实际上成了数据词语的内容部分。这样一来，数据词语的内部形式主要就是看它们如何展现了据以产生的那些语言片段以及展现了它们中的哪些方面。

（1）若从反映对象特点的途径方面来看，数据词语的内部形式十分单一，全都是直指式，即直接反映对象的特点。这种直接反映，首先可以从数据词语中的基数词看出来——它们都十分确切地表明了所指对

①数据词语同借助缩合或节略方式形成的缩略词语明显不同，宜将它们与缩略词语区分开单独归入一类（王吉辉2001a）。这儿放在缩略词语部分进行阐述，只是考虑到行文的方便而已。此外，概括并列各项形成的数据单位，语言性质上可能既有“词”的单位如“四化”“三峡”等，也有“语”的单位如“三总部”“十三经”等。本书未在这个问题上做细致分析，而笼统地称以“数据词语”。

象在量上的鲜明特征，比如“三教（儒教、佛教、道教）”中的“三”就是对所指“儒教、佛教、道教”的准确概括。其次，也可以从与基数词组合在一起的成分中看出来。一般地，与基数词组合在一起的成分直接来自并列各项里的共同成分，比如“三新（新专业、新学科、新课程）”中的“新”、“四有（有理想、有道德、有文化、有纪律）”中的“有”、“四呼（开口呼、齐齿呼、合口呼、撮口呼）”中的“呼”等。用所指对象中的相关成分来表明所指对象，这无疑是对所指对象有关性质的最直接的揭示。

但也存在另一种情况，与基数词组合在一起的成分并不是直接取自并列各项，比如“四书（《大学》《中庸》《论语》《孟子》）”中的“书”、“五经（《易》《书》《诗》《礼》《春秋》）”中的“经”、“五味（甜、酸、苦、辣、咸）”中的“味”、“六书（象形、指事、会意、形声、转注、假借）”中的“书”等。然而，这些成分的选取却非任意、随便，都得有所根据，即只有那些能概括并列诸项性质的成分才有效：“书”是对“《大学》《中庸》《论语》《孟子》”的性质概括；“经”是对“《易》《书》《诗》《礼》《春秋》”这五种经书的概括；“味”是对“甜、酸、苦、辣、咸”不同味道的概括；“六书”中的“书”为造字方法之义，是对“象形、指事、会意、形声、转注、假借”等不同造字方法的概括。它们因指明了所指对象的性质，自然也都是直指式。

需要指出，尽管数据词语以直指的方式来指明对象的特点，可囿于数据这种产生方式的特殊性，直指往往不可能悉数反映对象所有方面的性质特征。通常见到的情况是，只是客观对象中某个方面的特性得到反映，比如“三馆（博物馆、图书馆、文化馆）”仅是对客观对象中“馆”这一特性的反映、“三棋（围棋、象棋、国际象棋）”也仅是反映对象中的“棋”这一特性。另有一些反映出来的特性不只一个，比如“双增双节（增产节约、增收节支）”就反映了对象中“增”“节”这两方面的特性，“三通一平（通电、通水、通路、平整地基）”反映了对象中“通”“平”的特性，不过尽管这样，反映出来的这些特性顶多是对象特性中的部分，尚有诸多其他方面的特性没有涉及。因此准确地说，数据词语的内部形式应是直指式中的略指式（刘叔新 1990）。

（2）从反映对象的特点来看，数据词语的内部形式都是实质的。这可以具体区分出以下不同的情形。

A 类，与基数词组合成数据词语的成分是并列各项的共同成分，比如：

A_1. 双基（基础知识、基本技能）

三乱（乱收费、乱摊派、乱涨价）

四有（有理想、有道德、有文化、有纪律）

五小（小发明、小创造、小设计、小革新、小建议）

A_2. 两汉（西汉、东汉）

三峡（瞿塘峡、巫峡、西陵峡）

三围（胸围、腰围、臀围）

三税（个人所得税、个人收入调节税、工资调节税）

A_3. 四化（工业现代化、农业现代化、国防现代化、科学技术现代化）

A 类中的基数词都是对指说对象概括的和全面的反映，各类的差异在于，与基数词组合在一起的成分对对象特性的反映不完全相同。A_1类中，与基数词组合的成分反映所指对象的特点，因承载信息的成分并不居于所在单位的中心而说不上表达了对象中的本质方面的内容——但至少可以认定是对象特性中的重要方面。“双基”中的“基”反映对象中的“基本的”“基础性的”特性；“三乱”中的“乱”反映客观对象“乱”的这一方面；“四有”中的“有”只是反映对象“具备（某个方面的内容）”这一特性；“五小”中的“小”只是表明对象“小”的特性。而 A_2类，像“两汉”中的“汉”、“三峡”中的“峡”等，选取的成分都是并列各项中的中心语，虽说它们也只能反映客观对象在某个方面的特点，但反映的这个方面却是客观对象中的重要内容，是本质性的特点：“汉”是所在朝代的标志；“峡”是所在原形式中的核心成分。因此，由它们而导出意义的可能性要比 A_1类大一些。至于 A_3类中“四化”的“化”，它反映对象什么样的特点就更不清楚，因为，“化”原本只是并列各项中意义较为空灵的一个词缀。

B 类，在基数词和从原形式中选取的共同成分之间加入了诸如“个”“老”等其他成分，比如：

三个面向（面向现代化、面向世界、面向未来）

老三论（信息论、系统论、控制论）

四个坚持（坚持社会主义道路、坚持无产阶级专政、坚持共产党的领导、坚持马列主义毛泽东思想）

它与 A 类相似，只是在基数词和截取的语素或词当中加入了“个”“老”等成分。“个”是量词，意义上大为泛化，从它身上难以反映所指对象的具体特性。“老”倒是参与了所在单位内部形式的形成，表明所指是旧有的。有关它们内部形式解析的其他方面则可参照 A 类。

C 类，用以概括的基数词不止一项，比如：

双增双节（增产节约、增收节支）

三通一平（通电、通水、通路、平整地基）

三来一补（来料加工、来件装配、来样制作、补偿贸易）

五讲四美三热爱（讲文明、讲礼貌、讲卫生、讲秩序、讲道德；心灵美、语言美、行为美、环境美；热爱祖国、热爱社会主义、热爱党）

C 类小别于 A 类和 B 类，形成的缩合词语中点出了原并列诸项中不只一个方面的特性。“双增双节”既指明了“增”同时又指明了

“节”；“三通一平”中既指明了“通”的特性，同时又指明了“平”的性质。它们反映出对象的特性要比A类、B类多一些，内部形式指明对象特性的程度要高于A类和B类。

D类，与基数词组合在一起的成分不是原形式各项中的共同成分，而是根据并列各项的性质或内容概括而来，比如：

四公子（孟尝君、平原君、春申君、信陵君）

五官（口、耳、鼻、舌、目）

五金（金、银、铜、铁、锡）

七情（喜、怒、哀、惧、爱、恶、欲）

八音（金、石、土、木、丝、竹、匏、革）

这种概括，更明确、更直接地指明了所指称对象的本质特点：“四公子”中的“公子”表明，“孟尝君、平原君、春申君、信陵君”等都是公子；“五金”中的“金”表明，“金、银、铜、铁、锡”等都是一种金属而不是别的什么；“七情”中的“情”表明，“喜、怒、哀、惧、爱、恶、欲”都是不同的情感；等等。从反映对象特性的角度来看，这类是数括词语内部形式中反映对象特点最充分的一种。

二、专门词语的内部形式

专门词语中的行业词语，同一般词语不同之处仅仅在于，它们体现的概念是某个行业范围内所特有的，而彼此之间的这种差别多半不会致使它们的内部形式存在什么特别之处。行业词语的内部形式，根据反映对象的不同特点也有实质的和表征的区分，前者如“电力排灌”“劳动保护”“通风设备”“放料”“加工”“高档货”“邀请赛”“选拔赛”“单打”“双打”“举重”“跳高”“影印本”“孤本”“抄本”“期刊”“再版”“修订本”“印张”“休学”“学分”“教案”“高速公路”“上行”“旅游车”“餐车”“卧铺”“垫肩”“上梁”“盘货”等，后者如

“羊水”“上火”“例假”“内热”“人中”“蝉衣”“金银花”“白头翁”“马齿苋”“穿心莲”“四季青”“羊蹄”“千日红”“虎口”“犬牙”等。除此之外，兼有实质与表征的情形也同样存在（表征的见加点部分），如“喇叭裤”“筒裙”“兔唇”“鹅口疮”“灯笼裤”“鱼雷”“跳马”“鞍马”“蝴蝶斑”“脚注”“灯心草”“鹿蹄草”“鹅不食草”等。

反映对象特点的途径主要包括直指和喻指两类。直指的如“排涝”“硬卧”“上行”“下行”“特别快车”“直通车”“体操”“花脸”“青衣”“花边”“翻领”“亏损”“浇注”“框轻”等，喻指的如“鸡胸”“鸡眼”以及“筒裙”中的“筒”、“鱼雷”中的“鱼”、“蛙泳”中的“蛙”、“蝶泳”中的“蝶”、“海豚泳”中的“海豚”、“雀斑”中的“雀”等。

专门词语内部形式中需要重点做分析的不是行业词语，而是术语。

不同于体现一般概念的普通词语，也不同于体现特殊概念的行业词语，术语本质上是在体现科学概念，而科学概念是人们对所指对象的科学认识，经概括得出的关于对象的各种特性既深广又准确。比如“水”，一般理解成“无色、无味、无嗅的液体”，而科学的理解则是：最简单的氢氧化合物，化学式 H_2O。无色、无味、无嗅的液体；在标准大气压下，冰点为0℃，沸点100℃，4℃时密度最大，比重为1。术语的内部形式会不会因内容上的这种特性而相应地表现出某种特别之处？

相当数量的术语，原先仅仅是体现一般概念的普通词语，后来，随着社会对有关对象认识的深入而被直接纳入术语范围中，然而，其当初的内部形式却没有相应地做出调整。就这部分术语而言，它们的内部形式基本上同于一般词语。形成反映对象的特点照样有实质的与表征的不同。实质的如“语言”“阶级”“言语”“社会”“排列”“鲸鱼”“词义”“汉字”等，表征的如“对虾”“腊梅”“三角”“正方形”“圆柱”等，有些如“日食”“月食”“比目鱼”“变色龙”“百叶箱”等还甚至是显示式。不过在反映对象特征的方式上，它们往往是引指的，须通过展现本义的内部形式曲折地反映术语的意义①。比如“并联”，它包括两项意义：并排地相联结；把几个电器或元器件，一个个并排地联结，形成几个平行的分支电路，这种联结方法叫并联。“并联”的术语意义是凭借现实仍然存在着本义的内部形式“并排地相联结”曲折地展现出来的。类似的情况还有“串联”“干涉”“穿插”“渗透”“摩擦”“排泄”“漂移”“平衡”“同化”“外心”“吻合”“诱导”“矛盾”“再生”“转化”“组合”“平行”“时效”“形象”“阶级”等。

更多的术语则是社会通过对科学概念直接命名的方式产生的。由于这部分术语在命名之初，命名对象的科学概念就已经或基本形成，它们的内部形式要是反映科学概念中的本质特征，则完全是有条件的。要想观察术语内部形式可能存在的特殊之处，它们是应该被重点讨论的对象。

科学概念与对科学概念的命名虽然相互有牵连，但毕竟是不同的两个方面。从命名的角度看，科学概念所内含的各种本质特征未必都得在名称中得到反映，或者未必一定要选用科学概念中的本质特征才合理。说起来，但凡与所指对象相关的各种特性，包括本质的和一般的，都理应能用来作为命名的根据（如若都能选用科学概念中的本质特征来命名，这当然最理想）。这样，术语的内部形式②既可以从对象的实质方面来反映，又可以从对象具体可感的，即表征的方面和对象的一般特点方面来反映。由于表征中的显示式通常须通过比喻、联想等手段来关联

①我们认为，体现一般概念的词语只有进行适当改造才能转变成表达科学概念的术语，改造借用是普通词语进入术语的唯一方式（王吉辉1996b），而在原先意义的基础上新增加一条表达科学概念的义项成了一种常见的选择。

②与一般词语一样，单音节的科学术语如“耳”“鼻”“舌”“眼”“水”等也通常难以分析出存在于内部的意义的各种展现形式。

所指说的对象，而这种方式很难对所指对象的特性做出较为准确的表达，所以一般不用来作为反映对象特点的途径。具体说来，术语内部形式在反映对象特点上，至少可以分出以下几类。

（1）表实质的。客观对象这些一般特点的表达有两种途径。①语言单位的构成成分直接对对象中的有关特点作出反映。比如，“排列”中的“排”指“顺次序放”，“列”指“一个一个挨着”，它们合在一起形成“顺次序放成一列”的内部形式，而这恰巧就是“排列”反映的重要本质方面——由 m 个不同的元素中取出 n 个，按一定的顺序排成一列，叫作由 m 中取 n 的排列。又如，“反作用力”的内部形式是相反方向作用的力，而这正中它的本质方面，是其本质特点的全面揭示。再如，“风蚀”反映了对象“风”和“侵蚀”这两个方面的本质特点。其他的还有“俯角”“腹泻”“复分解”“无限大”“概率”“圆唇元音”“央元音”“二合元音”“带音”“调值”“拉力”“震级”“无理数”“共同语”“基础语”等。②客观对象的特点并非分解到各相关的构成成分并直接由它们来反映，而是借助构成单位对对象中的特性作出高度抽象、概括，并用这些经过抽象概括的成分来指称对象。比如“分析语”中的“分析”并不是直接指明对象特点的部分，它其实是对语言中用“虚词”“词序”等手段来表达语法意义的一种再抽象。又如“肺循环”，它指“心脏收缩的时候，右心室中含有二氧化碳的血液，经过肺动脉流入肺部，在肺内进行气体交换，排出多余的二氧化碳，吸收新鲜的氧气，经过肺静脉流入左心房，再流入左心室”。其中的诸多特点被“循环”简单地一言以蔽之了。类似单位还有“综合语、粘着语、孤立语、低等动物、低等植物”等。

另有一些，像“甲种粒子、乙种粒子、γ 辐射”等，构成成分中的加点部分并不指明所指对象的任何特性，仅仅起一种标示的作用，真正表明对象实质的是与其组成的其他部分如“粒子”“辐射”等。

术语内部形式反映出来的这些本质特点，经常借助定性式（刘叔新1985），或者种差定义这样的形式来具体表现，比如“调值”，用“值”来表明、规定“调”所属的性质范围；“γ辐射”中的“γ”表明其只不过是所指“辐射”里面的一种情形；“等离子态”表明其性质所属是一种状态；等等。这不奇怪，因为科学研究需要对同类中的不同对象进行更深入的探讨，需要对它们做出更精细的区分，而这种区分的最简便的方法就是在类的范围前加上表示特征性的内容。下面是几组类属种差定义的例子：

大肠中断：升结肠、横结肠、降结肠、乙状结肠

辅音：双唇音、唇齿音、舌尖音、舌面音、舌叶音、舌根音、小舌音、喉音

词类：名词、动词、形容词、数词、量词、代词、副词、介词、连词、叹词、语气词、拟声词

选性式（刘叔新1985）也是术语内部形式通常采用的另一种表现方式。比如“检波”，其中的“检”和“波”只反映出“分离出调制信号”这一特性，而未能将“从经过调制的高频振荡电流中”这样的特性反映出来。“风蚀”只反映出“风的侵蚀”，对所指对象中“地表”等本质特征未加反映。类似情况在术语内部形式中表现得较为突出，原因在于，术语所指对象经科学探索而挖掘出来的特性常常是多方面的、多种的，而表达所指对象的语言单位显然不可能将所有这些特性悉数表达出来。所以，从中选择一些特性来作为被表达的对象就成为必然。以下是有关例子的具体分析：

“交流电”指“方向和强度作周期性变化的电流”，内部形式没有反映对象中的“方向和强度”。

“感性认识”指“通过感觉器官对客观事物的片面的、现象的和外部联系的认识”，内部形式没有对对象中“片面的、现象的、外部的”

这一特点加以反映。

“肺活量”指“一次尽力吸气后再尽力呼出的气体总量”，内部形式没有指出“一次”。

“放射性元素”指“能发出射线而衰变成另一种元素的化学元素”，内部形式没有指明“衰变成另一种元素”。

“反馈”指“某些生理的或病理的效应反过来影响引起这种效应的原因”，“生理的或病理的”这一特性没有在内部形式中得到反映。

“血压”指“血管中的血液对血管壁的压力”，内部形式没有对“血管中的血液”这一特性加以反映。

除上述提及的定性式和选性式之外，还有概括式，它不是对对象特点的各个方面分别做出反映，而是从整体上进行实质性的概括，比如“分析语”“肺循环”等（见上文的有关分析）。

（2）表一般特点的，如“绝对真理”“相对真理”“物理”“尘肺”“地方时”“射线”“普通话”“音素”“光合作用”“文学语言”等。“射线”的内部形式——“放射出的线”，与“速度高、能量大的粒子流”这一科学内涵相去较远，是对对象一般性特点的反映。“普通话”的内部形式是“普遍通用的话”，没有触及到它的科学概念——以北京语音为标准音，以北方话为基础方言，以典范的现代白话文著作为语法规范的现代汉语。

（3）表征的，比如“红外线”，它主要根据这种现象在光谱上位于红色光的外侧这些具体特征而取名，而它是具体的却不是本质的，本质方面的属性如“电磁波”“波长为0.77～1000微米”等都没有得到任何的反映。再比如“可见光”，构成的“可见”是具体的可感知方面的特征，没有表明所指对象的实质，而其实质方面应该是：“电磁波”“波长为0.77～0.39微米”。类似的例子还有“紫外线”“初亏”“黑洞”“平行四边形”“直角三角形”“曲面”“球面”“摆线”“梯形”

“矩阵”等。

(4) 也有这样的情形，在术语内部形式中，表实质的与表征的内容都有。比如“亲属语言”，“语言”表明所称说对象的实质方面，而“亲属”是比喻性的，是一种表征；再如“玫瑰线”，“线”在表实质，而“玫瑰”却是比喻性的；“抛物线”中的“抛物”以“抛出物体的(运行轨迹)”来体现对象的相关特征。

三、专名词语的内部形式

表达个体概念的词语是一般所说的专名词语，成“词”的像“北京”“上海”“天津”“长江”“黄河”“长城”“山海关”等是专名词，成“语”的像“毛泽东”“现代汉语词典”“人民日报”“八小时以外”“林海雪原”“天津市人民政府”“中华人民共和国教育部”等是专名语。专名词语依靠反映个体的各种特征作为自身的意义组成内容，同普通词语一样，社会也可以对其意义进行解释。比如“中国同盟会”可以解释为：1905 年孙中山在日本东京成立的中国资产阶级革命政党。其政治纲领是“驱逐鞑虏，恢复中华，创立民国，平均地权”。中国同盟会成立后，积极进行反清革命斗争，领导辛亥革命，推翻了清王朝的封建统治，建立了中华民国。1912 年中国同盟会改组为中国国民党。简称同盟会。而“阿 Q”的意义解释则是这样的：鲁迅著名小说《阿 Q 正传》的主人公，是“精神胜利者”的典型，受了委屈，不敢正视，反而用自我安慰的办法，说自己是“胜利者”。

表达专名的词语多少反映出社会对所指对象的某种认识，也是能够进行内部形式分析的。① 下面将分别以地名、人名来具体分析各自展现意义的内部形式。

1. 地名的内部形式

地名覆盖的范围十分广泛，包括省名、自治区名、盟名、市名、县名、城镇名、旗名、区名、乡名、村名、关隘名、山川湖海名、岛屿名、半岛名、楼阁厅台名、寺庙名及风景名胜名等。

地名在结构上一般包括专名和通名两个部分。起源上，有些通名随同专名一起参与所指对象的指称，如“长江”“黄河”“泰山”“太湖”“青海”“山海关”“四川”“青岛”“鼓浪屿”“山东半岛”等，若离开它们（见加点部分），整个专名就会失去标识地名的作用。对这一部分地名词语，包括专名和通名都是内部形式需要考察的内容。另有一些通名并非随同专名一起产生，而是后附上的，它们主要是些表示行政区划的像“省”“市”“县”“区”“乡”“村”等。通名之于专名词语并非非它不可，既可以采用专名加通名的形式，如“上海市”“北京市”“河北省”等，也可以只取专名的形式，如“上海”“北京”“河北”等。对它们，可对除去通名以外专名部分的内部形式进行考察。需要指出，像“吴县”“泰县”“蓟县”“沛县”“丰县”“邳县”“盖县”“义县”“吉县”等，虽说专名和通名之间不能分开来运用，但像这样的组合不是指称之初产生的，所以不能拆开来，原因在于通名恰好依附的是单音节。它们中的通名也将不予考察。

地名由于识别的根本需要而常常从所指对象中直接选取某方面的特

①由于标志专名的词语主要作用在于指称，因此，它们自身形成的这种意义看来不像普通词语那样，强烈地为社会所关注。事实上，更多的情况下，社会根本不顾及它们在所指对象基础上形成的意义，而用它们所指称的对象来直接作为它们的意义内容，社会通常是根据专名词语所指称对象而非它们的意义来掌握、理解专名词语的。说到“毛泽东”，社会多半不会根据它所描述的有关内容去理解，而只是直接将它同所指说的具体的那一个连在一起即以为掌握了该专名。但尽管这样，它们自身存在意义的事实是不容抹杀的。

点来构造各自的内部形式。

（1）从表现对象的特点来看，地名的内部形式绝大多数都是特征性的。其中主要包括以下一些情形。①

第一类，展现所指对象地理上的具体特性，比如“山海关”，其内部形式是“山与海之间的关隘”，反映了该地方所处位置上的鲜明特征。当中又可以区分为如下的不同情形。

A. 展现方位性的特征，比如：

a. 江阴　华阴　淮阴　汤阴　衡阳　凤阳　沈阳　洛阳　汾阳　泗阳　辽阳

b. 河北　河南　山东　山西　云南　湖南　湖北　鸡东　鸡西　淮南　淮北　衡东

c. 广东　广西　南京　北京　东海　南海　东陵　西陵

d. 婺源　沧源　扬中　辽中　汉口　丹江口　合肥　临汾　临洮　江浦　濒海　望都县　上海

a 类以“阴”“阳”分别指山的北南面、河的南北面，从而展现南北的方位；b 类各以某地理实体为中心而分东南西北；c 类取彼此的相对位置，中间不存在参照点；d 类以相邻位置关系来命名，“婺源”指所处位置在“婺水”的源头，“扬中”指明所处的位置在扬子江的中段，“望都县”指所处地方接近北京，等等。

B. 展现所指实体形状上的特征，比如：

鸡公山　眼镜湖　长城　燕子矶　鼋头渚　老虎滩　月牙湾　虎丘　曲阜　葫芦岛

C. 展现所指实体地物上的特征，比如：

三棵树　橘子洲　梅园　卧佛寺　十三陵　六榕寺　白马寺

①地名词语的选择限于使用范围较为广泛的一些。

榆树　攀枝花　蛇岛　蝴蝶泉

D. 展现所指实体景观上的特征，比如：

鼓浪屿　白云山　长白山　白塔　日月潭　五台山　象鼻山

燕子矶　石林　黄河　青海　赤水河　鸭绿江　火焰山　红岩

佛香阁　赤峰　黄冈　青岛　太阳岛　黑海　红海

E. 展现所指实体气候上的特征，比如：

贵阳　雷州　恒春

F. 展现所指实体矿产上的具体特征，比如：

铜陵　铁岭　石棉　海盐　磁县　银川

G. 展现所指对象位置上的特征，比如：

蓬莱阁　岳阳楼　赵州桥　卢沟桥

第二类，展现所指实体人文历史上的具体特征，比如“左权县”以该县出生的左权来命名；“天津”之名源于“天子渡河之地”，等等。类似的还有“中山市”“神农架”“秦皇岛市”“志丹县”“子长县”“靖宇县”“虎跑山”“娘子关”等。

第三类，展现所指对象功用上的具体特征，比如“河津”靠“津”表明它功用上渡口的作用，再比如“孟津”“江津”“风陵渡”“驻马店”“钓鱼台”“乾清宫”“养心殿”等。

第四类，地名词语中还存在着另外的一类，命名不是根据客观实体的特征，而是根据当时人们的一种希冀和愿望，比如“政和县”寄托着人们希望政通人和的愿望；“永安县”寄托着永远安宁的希望，等等。这种希冀与愿望也不妨看作所指对象中表现出来的一种特征，只是人们很难根据它们去了解所指说的对象是什么。以这种希冀与愿望作为地名词语的内部形式，区别度显然不够。好在这类地名词语不多，还可以举出的例子有“泰宁”“安图”“抚松”“通化”“永吉”等。

（2）从内部形式反映所指对象特点的上述情况可以看出，绝大多数地名内部形式反映对象包括两个部分，一部分表实质，另一部分表表征。“鼓浪屿”中的“鼓浪”表征，表明海水鼓起浪花的具体情形，而“屿”在表实质，表明它地形上的特性。地名内部形式上的这种特点较为符合地名规律，能比较完美地履行地名的职责——“表征”部分能很好地起到区别彼此的作用，它实际上是一种标志；“表实质的”部分能帮助社会鉴别它们是什么性质的。假如整个地名都只采用表征的内部形式，或许对象上的特征表现得比较充分，但它们性质上是什么却一时难以断定；假如反之，都只采用表实质的内部形式，就会流于笼统而不能很好地指出对象的“点”上的特征。比如“海河”，构成的成分是通名的“海”与“河”，这当中没有表征的内容，不能起到有效的标识作用。

2. 人名的内部形式问题

人名用语言中的现成材料或材料的组合来表示。根据经验，社会在取名①时多半会有一定的依据，这种依据概括起来主要有以下几个方面：

（1）取对象自身的某方面特征来命名，比如，“（李）麻子”反映出对象脸上有麻子这样的具体特征；再比如用婴儿出生时的体重来命名等。

（2）按对象排行取名，比如，“伯”“仲”“叔”“季”用来分别记录出生的先后顺序。

（3）以对象出生时的相关物作为命名的根据。若出生地较为特殊会直接以出生地命名，如“宁生”“沪生”“京生”等；若出生时间有特殊意义会直接以出生时间来命名，如“辰生”“春生”等；若出生时恰逢重大事情发生则会直接以该事件来命名，如“跃进”“建设”“文

①人名包含结构上的姓与名两部分。“姓”代表某种血缘的传承关系，是群体的，人一般只能继承而不能选择。“名”是个人的，起着区别彼此的识别作用，它是可以视情况进行各种选择的。人名的内部形式主要探讨的，其实就是体现个体的“名”的内部形式（单名的内部形式是什么很难看出来，不在讨论的范围之内）。

革”等等。

（4）以父母的愿望来命名，如“王贤齐”反映父母希望自己的孩子能“见贤思齐”等。①

命名过程中的这种种根据是不是等于表明，人名都必然存在着内部形式？

按照命名根据中的第一类命的名，由于反映了所指对象的某些特征，社会据此而能够容易联系到相应的对象。只可惜，用这种方式命的名实在不多见。这是因为，命名之初，对象尚在襁褓之中，对象具有什么样的特点不太好把握。

命名根据的第二类，排行虽不是对象自身所反映的特征，但毕竟指向所指对象本身，应该说同对象紧密相关。因此，可以把它们也当作展现了对象的内部形式看待，只是不如第一类那样，能从内部形式较为直接地联系到所反映的对象。

命名根据的第三类和第四类，“名”中各成分反映出来的意义不是指向对象本身的什么特性，无法作为“名”的内部形式看待。

关于“名”的内部形式，还有一点需要提及，就是客观对象的性别特征往往通过长期以来形成的一些标志性成分表达出来，如“妮”“娜”“芹”“秀”“婧”“倩”等用于女性，而“勇”“健”“国”“强”“刚”“国”等则用于男性。用于人名中的这些成分，虽然能将对象性别上的特征反映出来，但这种性别展现于对象而言，分明是相当粗疏的，因为无法根据它与具体的某个个体联系起来。

总的来看，人名中存在内部形式还相当少见，而且即便存在，它们本身也都是泛泛的，比较笼统。这是尤其需要特别指出的。

---

①常敬宇（1995）论及的汉民族取名字的各种文化观念，如“崇祖观念”“崇儒观念”“建功立业观念”“崇尚纯洁、坚毅、公正、光明等品格和情操”等，其实都属于这一类。

第七章　内部形式与汉语词汇语义系统（上）

一、内部形式与词语意义的相互关联性

（1）内部形式因词语意义而产生，相互之间具有与生俱来的天然联系，这能从内部形式的产生过程中看得一清二楚（参见第三章“内部形式的产生”）。

需要说明的是，虽然客观对象自身表现出来的特性较多，但是，内部形式不会直接同客观对象的这些特性发生关系，它只与社会对客观对象的认识发生联系，与概括在认识中的客观对象的诸特性有关——内部形式即是在概括出来的对象特点的基础上最终得以形成的。如“病房”，具体表现出来的客观特性可能有很多，比如有“床”“桌子”“治疗仪器”“呼叫器”“白色床单”等，但社会只关注到它的“医院”或“疗养院”、“供病人住”以及“房间”等特征，最终形成“医院、疗养院里病人住的房间”这样的概念。而内部形式又对总结出来的这三项特征再次进行了选择，确定了以“病”关涉“供病人住”、用“房”表示“房间”这样的内部形式。

（2）内部形式与词语意义之间相互关联的状况，国内学者如吕叔湘的“占据一点，控制一片”理论、王艾录的“意义支点”理论以及

国外学者 Fillmore 的“场景理论”等，都曾经作出说明。

吕叔湘（1964）指出，“语言的表达意义，一部分是显示，一部分是暗示，有点儿像打仗，占据一点，控制一片”，并以“谢幕”为例对此做了解释：“像‘谢幕’那样的字眼，就放弃了很多东西，只抓住两点，‘谢’和‘幕’。说是‘放弃’，并不是不要，而是不明白说出来，只隐含在里边。”（61－64）吕先生虽然没有明确涉及内部形式，但提出的“占据一点”与所说的“内部形式”较为相似，“控制一片”近似于靠“占据的一点”展现出来的意义。“占据一点，控制一片”理论，某种程度上可以认为是对内部形式与词语意义之间关系的非常形象的描述。之后的徐通锵、张绍麒等也持类似观点。徐通锵以“野人”为例对“占据一点，控制一片”加以诠释：“它的意思很复杂，指离开社会人群而孤独地生活在野外的人，甚至可以由此而引申为没有教养的人，但汉语社团只抓住‘野’和‘人’两个点，很多具体的内容都隐含于这两个‘点’所控制的跨度之内，需要说话人和听话人自己用已知的知识去补充。”（1997：357）张绍麒在谈及造词过程时也多少涉及词义表达上的这种特性，他（1992）指出，“代表某义的思想片段被选定后，它还不能直接成为被代表义的能指。这是因为语言的系统性对语词能指的格式有所限制，而这些被限定的格式在语词产生和发展中具有强大的类推作用。这种作用限制了被选择代表义的思想片段的自身表达，它只好进行缩略调整，以‘以点代面’、‘以点导面’或其他什么方式去‘就’语言中所规定的构词格式之‘范’”（51）。

王艾录（1994）指出，言语是一个多层构架的立体结构，不同层次之间的相互转换，实质上是“意义支点”的提取和还原。他认为复合词是从深层“语义、句法结构”中选取出来的意义支点的重排序列，是一种具有特定意义的凝固块，并用“马刀”做了说明：“马刀”是“骑马冲锋时用的战刀”的意义支点序列。

Fillmore（1977，据杨成凯 1986）提出的场景理论认为，意义是联系着场景的；场景指视觉形象，还指任何一个具有整体性的独立的知觉、记忆、经历、行动或物体；有许多角色参与场景的构成，一个词、一个短语、一个句子或一段话语，都可以确定一个场景，但无法把场景中的各种角色都映现出来，只能根据角色的重要性而突出和强调某些角色。

“占据一点，控制一片”理论倒是能较为准确地说明内部形式与词语意义之间的关系，但这种说明有限，只适合部分表“实质”类内部形式（部分式）。而诸如全部的“表征”类内部形式以及少部分表“实质”类内部形式（全部式），都不好用它来解释。王艾录的“意义支点”主要用于说明，由于缺乏扩展性能而使语素义之间跨度过大、造成语义断裂的复合词，它基本上同于上述的“占据一点，控制一片”理论。Fillmore 的场景理论是想说明，场景中的每个参与角色只能凭借那些重要角色而间接地得到展现——也能用来较好地说明内部形式与展现意义的关系，但说明的这种情况也只是在同一场景下才会发生，对于需要借助其他场景中的角色来说明意义的“表征”类，还是无法进行解释的。

内部形式与词语意义之间的关联状况错综复杂，下面将分几个部分对它们之间的联系做全面而具体的描述。

二、内部形式对词语意义的展现

词语内涵中除了体现概念的理性意义之外，还包括依附于理性意义之上的各种表达色彩，主要有感情色彩、态度色彩、评价色彩、形象色彩、语体色彩、风格色彩、格调色彩及语气色彩等（刘叔新 1990）。党静鹏（2001）认为，内部形式在展现理性意义的同时也能展现出部分表达色彩，并以一些实例具体分析了它们是如何被展现出来的：以

“山里红、佛手、丁当、袅袅、摇曳”为例说明对形象色彩的展现；以“玩意儿”为例说明对鄙薄态度色彩的展现；以“党棍”为例说明对恶感的感情态度色彩的展现；以“蟾宫”为例说明对诗歌风格色彩的展现；以“鼎新”为例说明对书面色彩的展现；以“耳屎”为例说明对格调色彩的展现；以“懂得”为例说明对语气色彩的展现。观察细致，结论可信。这儿将只关注词语理性意义被内部形式展现的情况。

内部形式对词语意义的展现，受到它们自身构成的很大影响。取之于所指对象不同方面形成的内部形式，在词语意义的展现上存在较为明显的差异。

1. 内部形式对单个理性意义的展现

（1）表实质的内部形式与词语理性意义的展现。

A. 全面反映客观对象本质特性的内部形式，能直接、明确、全面地展现出词语的意义，从而使得它们逼近甚或等同于词语的意义。例如，“凹陷”的内部形式由“凹”的“低于周围”和“陷”的“向下或向内（伸）”组成，而这与它的意义“向内或向下陷进去”没有什么差别。又如，“自负盈亏”的内部形式是“赚钱或赔本（都由）自己负责”，这与所表达的意义完全吻合。这方面的例子并不少见，还有“大计”“作文”“回访”“灰土”“胆略”“罢休”“安排”“爱护”“亲嘴”“接触”“保卫”“一言为定”“粗心大意”“为富不仁”“人仰马翻”“上行下效”“优质优价”“德艺双馨”“高分低能”“人工智能”“反腐倡廉”“高楼大厦”“祸从天降”“敢做敢为”等。

B. 客观对象的本质特性能够在内部形式中得到反映的，只是当中的一部分，这样构成的内部形式，就只能展现出词语意义部分的而不是全部的内容。“哗变”的“哗”指“突然”、“变”指“叛变”，而未对“军队”这一特性进行概括和反映；“父老”内部形式上以“父”和“老”指老者，而它意义上的“一国或一乡的”这种性质没能得到体现；“喊话”只指“大声说话”，并没有指出它的“宣传或劝降”的特性。类似的例子再如“花消”“花园”“花砖”“后话”“洪大”“红云”“刨冰”“蜡嘴”“红壤”“备课”“上班”“思想”“感激不尽”“刚毅木讷”等。

数括词语的内部形式有属于上述A类的情形，如“四书（《大学》《中庸》《论语》《孟子》）”“五代（后梁、后唐、后晋、后汉、后周）”“七情（喜、怒、哀、惧、爱、恶、欲）”“八音（金、石、土、木、丝、竹、匏、革）”等。数词与数词组合的成分都是对所指对象特性的实质概括，是就对象特点所做的全面的反映。也有属于上述B类的情况，如“三乱（乱收费、乱摊派、乱涨价）”“三税（个人所得税、个人收入调节税、工资调节税）”“四呼（开口呼、齐齿呼、合口呼、撮口呼）”“四部（经部、史部、子部、集部）”“五爱（爱祖国、爱人民、爱劳动、爱科学、爱社会主义）”等。这些与数词组合的成分都取自并列各项中的共同成分，是对象中的部分本质特性（参见第六章“缩略词语的内部形式”）。但不管是其中的A类还是B类，数括词语的内部形式所能展现的词语的意义相当弱，有时候甚至根本无法根据内部形式推导出展现的意义是什么。“五代”的内部形式为“五个朝代”，它只能泛泛地暗示着所指说的对象；“五爱”的内部形式是“五种爱”，而它所能提示的意义会是什么实际上非常不清楚。因此有的单位既可展现出这样的意义，也可据此展现出另外的一种意义。比如，与“四化”相联系的意义就有两项，分别是：工业现代化、农业现代化、国防现代化、科学技术现代化；年轻化、革命化、知识化、专业化。又如“四声”，它所能展现出的意义有：平声、上声、去声、入声；阴平、阳平、上声、去声。再如“三包”指：包修、包换、包退；包工、包料、包质量；包技术、包销售、包利润。①

（2）表征的内部形式与词语理性意义的展现。

A. 内部形式反映的仅仅是或主要是所指对象次要的一般性特性，比如，“树挂”反映的是“寒冷天雾凝聚在树木的枝叶上面”这一特性；“马褂”反映的是“骑马人穿的褂子”这一特性。这种次要的一般特性同体现概念的词语意义存在很大的差距，词语意义很难通过它们完全展现出来，它们顶多能为展现词语意义提供比较直接的线索而已。这类词语还有“山里红”“后生”“鸿毛”“出家”“东洋”“三弦”“讲师”“例假”“凉鞋”“运斤成风”“鲁鱼亥豕”等。需要指出的是，这种情况在科学术语中表现得较为突出，可以见到的实例不少，比如“对虾”“龙眼”“百日咳”“腊梅”“比目鱼”“变色龙”“工蜂”“计算机”“软盘”“光盘”等。

专名词语的内部形式大多是特征性的，抓住的主要是对象上的一般性特征（参见第六章“专名词语的内部形式”），而这种特征性的内部形式也同样能很好地展现出词语的意义。专名的主要作用在于指别，它们自身形成的这种意义不像普通词语的意义那样强烈地为社会所关注。社会多数情况下完全不顾及它们在所指对象基础上形成的意义，往往用它们所指称的对象来直接作为它们的意义内容，根据所指称的对象而非它们的意义来掌握、理解专名词语。说到“曹操”，社会通常不会根据它所描述的有关内容去理解，而是直接将它同所指说的具体的“那一个”连在一起即以为掌握了该专名；提到“北京”，人们不会想到它位于什么纬度什么经度等，仅仅简单地与“那个地方”联系起来就行。但这不等于专名词语所内含的内部形式就失去了作用。事实上，正是它

①同音词的情况应该看作能相互区别开来的一类，比如“四会”分别指“会读、会写、会听、会说”“党委会、董事会、监事会、股东大会”等。

们的特征性内部形式为社会认识“这一个”或“那一个”提供了很好的标志。

B. 内部形式以与所指对象存有联想等关系的另一具体对象作为自身反映的内容，比如，不直接说“一个人见识狭小”，而是用能表达出这一意义的另一具体的事物——“井底下的青蛙”来间接地表达，它即成了“井底之蛙”用来展现“见识狭小的人”的内部形式。再比如“毫发”，不直接指出“数量极小”，而是借用“毫毛和头发”这一内部形式将它曲折地展现出来。

很明显，内部形式与词语意义之间并不直接相联，从内部形式到所要展现的意义，中间需要转一个较大的弯儿，意义的展现也因此不会显豁。参与内部形式组成的对象各种各样，有的为社会熟悉，有较高的认知度；也有一些则反之，只为少部分人知悉。社会认知程度不同，意义被内部形式展现出来的容易程度相应地会存在差异，至少在由内部形式到意义的联想程度上是如此。下面是区分出的两种情况。

B_1. 若构成内部形式的对象都是社会较为熟悉或者较为容易联想到的，那么词语意义的展现就相对容易为社会所理解，展现出来的意义相应地容易为社会所掌握。比如“领袖”，内部形式指明的“领子和袖子”是人们日常生活中再常见不过的物件，由于“领子”和“袖子”分别处于上衣的最上端和衣袖的最前端，这让社会因此容易产生它的新的意义：国家、政治团体、群众组织等的领导人。再比如“过街老鼠”，用作内部形式的对象是老鼠，而老鼠为社会所切齿，经常出现“老鼠过街——人人喊打”的情形，因此，用它来“比喻人人痛恨的坏人”再贴切不过，同时，这样展现出来的意义也很容易被社会所接受。这类情况汉语词汇中相当多，以下是其中的一小部分：

手足　炮灰　包袱　搁浅　难产　棒槌　龙头　心脏　风浪

窟窿　口碑　风霜　风雨　黄金　风暴　风波　笼中鸟

出气筒　处女作　近视眼　红眼病　穿小鞋　软骨头　走后门

开绿灯　过河拆桥　龙争虎斗　秋后算账　风餐露宿　风吹草动

风卷残云　风平浪静　风雨同舟　原地踏步　绣花枕头

棉花耳朵　三月里的桃花——活不了多久　干河滩撒网——瞎张罗

棺材内伸手——死要钱

B_2. 构成内部形式的对象并不为社会中的广大成员所熟悉，要了解此种内部形式何以展现出这样的词语意义，必得先对反映在内部形式中的对象做出解释。这表明，人们不得不绕一个更大的弯儿才能从内部形式中展现出所要表达的意义。比如“鸳鸯”，据说雌雄多成对生活在水边，因此才被用来比喻夫妻。如果不知道鸳鸯鸟的这种生活习性，是怎么也不能从它们中展现出“夫妻”的意义来的。又如“垂青”，先由“青”代指“黑眼珠”，再由“垂”与“黑眼珠”组成“垂下黑眼珠”，最后凭着它而展现出“重视”的理性意义。再比如，“黄粱梦”的意义是“比喻想要实现的好事落得一场空”，而它所赖以展现的内部形式却是深藏于背后的一段故事，需要做出专门的探求才能获取。唐沈既济《枕中记》中说，有个卢生，在邯郸旅店中遇见一个道士吕翁，卢生自叹穷困。道士借给他一个枕头，要他枕着睡觉。这时店家正煮小米饭。卢生在梦中享尽了一生荣华富贵。一觉醒来，小米饭还没有熟。显然，假使不清楚“黄粱梦”的这一段故事，那么对“黄粱梦”的内部形式与意义之间的关系就无法建立起来。这类情况总体上要少于 B1 类，不过绝对值上未必会是一个小数，它们大部分集中在下面两个领域内。

其一，少部分来自科学术语、行业词语或者与它们相关的一些现象，譬如“鸾凤”“鸾俦”“变色龙”“装狗熊”“催化剂”“踏脚板”“避风港”“擦边球”“螺丝钉”“癞蛤蟆”“癞皮狗”“断乳期”“唱双簧”“唱主角”“唱对台戏”“唱重头戏”“黄牌警告”“排头兵”“润滑油”“急先锋”“前奏曲”“轻骑兵”“钦差大臣”“晴雨表”“指南针”“防腐剂”“并头莲”“并发症”“一推六二五”“二一添作五”“打预防针”“地方粮票”等。

其二，来自典故尤其是事典，比如“结草”“衔环”“矛盾”“旧雨”“入彀”“孺子牛”“推敲”“刻舟求剑”“郢书燕说”“杯弓蛇影”“揠苗助长”“望梅止渴”“相煎何急”“一字千金”“精卫填海”“夸父追日”“画龙点睛”“愚公移山”“杞人忧天”“掩耳盗铃”“探骊得珠”“风声鹤唳”“入主出奴”“入木三分”“狐假虎威”等。

（3）“表实质 + 表征”的内部形式与词语理性意义的展现。

内部形式中的表实质部分直接展现了词语的意义，而表征部分只是借助对相关对象的描述暗示意义，间接地同意义发生关联。看来，要想从内部形式中导引出词语的意义来，把握其中的表征部分无疑是关键。比如“鸭舌帽”中的“帽”指明了所指对象实质上是“帽子”，前面的“鸭舌”用以表征帽子在外形上的特征——帽檐向外伸出，如同鸭子的舌头一般。又如“心潮”，“心”是表实质的部分，而“潮”是表征的，被借用来形容“心”的具体情状：心情如同潮水一样起伏不定。再如“竹筒倒豆子——一干二净”中的“竹筒倒豆子”在表征，而谜底的“一干二净”则是表实质的。

词语内部形式中表实质部分的存在，给社会由它们直接展现出意义提供了极大可能，而其中的表征部分则需要社会绕一个弯儿去关联意义，它们的内部形式距离展现出的词语意义要比纯然“表实质的”远些，但同时又比纯然“表征的”近一些，这是就它们的总体情况来说的。进一步分析可以发现，它们彼此之间还确实存在不少细微差异之处。下面我们从表征部分在词语中所处的不同功能位置着眼，将它们划分成以下不同的类别。

a. 表征部分（见加点部分，下同）作定语，如“鸭舌帽”“金钱豹”“梅花鹿”“白刃战”“马齿苋”“蓝点鲅”“丹顶鹤”“蝴蝶斑”

“斑马线”“鱼尾纹”“窗口行业”“门户之见”“一孔之见”“锦绣河山”“燃眉之急”“狼心狗肺”“龙腾虎跃”“风云人物”“通天人物”“豆腐帐”“红头文件”“马路新闻”“皮包公司”“钉子户”“火箭干部”“拳头产品”“甩手掌柜”等。

b. 表征部分作补语，如“问道于盲” “含笑九泉” “寄人篱下”等。

c. 表征部分作主语，如“暗箭伤人” “瑕瑜互见” “猫鼠同眠”“漏洞百出”“鹿死谁手”等。

d. 表征部分作宾语，如“化为泡影” “饱经风霜” “乱点鸳鸯”“寻花问柳”“攀龙附凤”等。

e. 表征部分作中心语，如“人中骐骥” “人中龙” “满腹经纶”“人间地狱”“春兰秋菊”等。

f. 表征部分作谓语，如“心潮”“民怨沸腾”“流芳后世”“人声鼎沸”等。

表征部分在词语中的功能位置越是重要，词语意义的充分展现就越是离不开它，词语意义展现出来的难度也就相应地越大。反之，词语意义展现出来的难度就会相对来说小些。一般地，中心语是所在词语的中心，而主语、谓语、宾语等历来都被看成句法结构中的主干成分，毫无疑问，它们都是词语整体意义形成的重要基础。这样，表征部分如 c、d、e、f 各类，明显是词语意义展现不能缺少的部分，或者说，一旦离开它们，所在单位依靠表实质部分展现出来的意义就会变得不知所云。内部形式展现意义的情形比较接近纯然表征的部分。a 类的表征部分处于修饰语的位置，它相对于中心语而言，在地位上显然不如后者重要。这么一来，位于中心语的表实质部分成了内部形式组成的核心，抓住表实质部分就宛如抓住了展现整个词语意义的核心或者大致的范围。因此，就 a 类来看，内部形式展现意义的情形比较接近纯然表实质的部分。b类中表征部分处在补语位置，说起来，该位置上的成分仅仅对其前面的述语做些补充性的说明而已，它所起的作用逻辑上应不及其前面的述语，这是就其语法功能上的作用而言的。但它对词语意义的形成却有着相当突出的影响，至少，不应该低于所在单位表实质部分在词语意义形成过程中的作用。内部形式展现意义的情形大体介于上述两类中间。

2. 内部形式对多个理性意义的展现

内部形式在词语产生之初形成，同最初形成的本义存在密切关系，这在情理之中。在本义基础之上形成的引申义，因为与本义共用相同的词语单位，显然不能再带上什么别的新的内部形式。虽然如此，引申各义总是与所从出的本义有着千丝万缕的联系，是以本义为基础的。这就是说，本义的内部形式对以本义为基础的引申意义也有着影响，只不过，这种影响是藏于本义的背后的，是间接的，需要绕弯后才能发觉展现它们的内部形式。比如“数说”，“数着说”是其内部形式，它能将“列举叙述”的意义直接展现出来，而它的另一项意义“责备”，因与先前出现的“列举叙述”的意义密切关联，是在后者的基础上产生出来的，由此，内部形式在直接展现“列举叙述”的同时还可能对后一意义发生某种程度的影响。只是这种影响需要通过所从出的本义才能与内部形式建立起联系，具有间接的特点（详细的论述参见第四章“多义词的内部形式”）。

为内部形式展现出来的多项理性意义，与内部形式之间的关联程度不完全一致，需要拐的弯儿存在如下几种情形。

A. 一拐式，引申义只须绕过所从出的本义就能同内部形式发生关联。词语的多项意义中，可能只有一项意义只要绕过本义就能同内部形式发生关系，“数说”即是典型的一例。也有多个意义都只要绕过本义这一层次就同内部形式相互关联，比如，“开花”中只有“生出花朵”

是它的最初意义，而其余三项“比喻像花朵那样破裂开”“比喻心里高兴或脸露出笑容”“比喻经验传开或事业兴起”等都是直接在前者的基础上产生而来的，都分别是拐一式的情况。这种情况可以用图 7－1 来表示（实线表示直接相连，虚线表示间接相连，箭头所指表示依凭的对象。下同）。

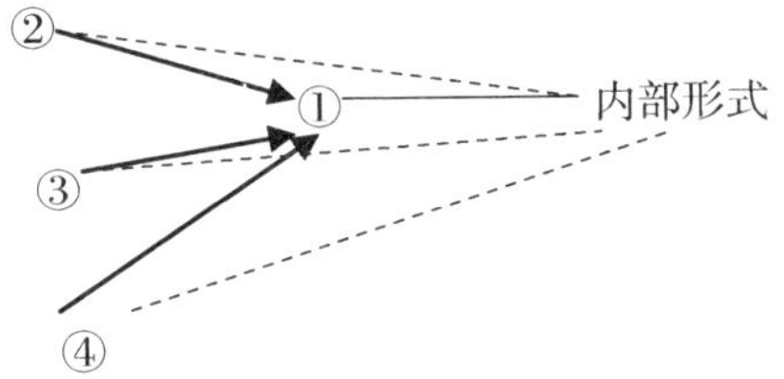

图 7－1 内部形式对多个理性意义的展现之一拐式

引申义从本义推演而来，同所从出的本义之间有着较多的内在相关因素存在，引申义因此可以绕一个较小的弯儿就可以连接到本义的内部形式。如“数落（列举过失进行指责；不住嘴地列举着说）”“瘦瘠（不肥胖；不肥沃）”“受热（受到高温度的影响；中暑）”“手紧（不随便花钱或给人东西；缺钱用）”“守候（等待；看护）”“屈节（失去节气；降低身份）”“抛荒（土地不继续耕种，任它荒芜；荒废）”“漫天（布满了天空；形容没边儿的，没限度的）”等。这是一拐式中的Ⅰ型。对于依靠比喻方式引申过来的意义，多半要绕一个较大的弯儿才可以同本义的内部形式建立起联系，这是一拐式中的Ⅱ型。如“手心（手掌的中心部分；比喻所控制的范围）”“配角（戏剧、电影等艺术表演中的次要角色；比喻做辅助工作或次要工作的人）”“抛锚（把锚投入水中，使船停稳；比喻进行中的事情因故停止）”“梦话（睡梦中说的话；比喻不切实际、不能实现的话）”“帽子（戴在头上保暖、防雨、遮日光等或做装饰用的用品；比喻罪名或坏名义）”等。

B. 二拐式，需要绕过两项意义后方才联系到展现自己的内部形式，比如“紧张”的意义是：①精神处于高度准备状态，兴奋不安；②激烈或紧迫，使人精神紧张；③供应不足，难于应付。对意义③而言，它要同内部形式联系，必得首先绕过意义②，然后再进一步绕过意义①，之后才能实现最终的目的。可以用图7-2来标示。

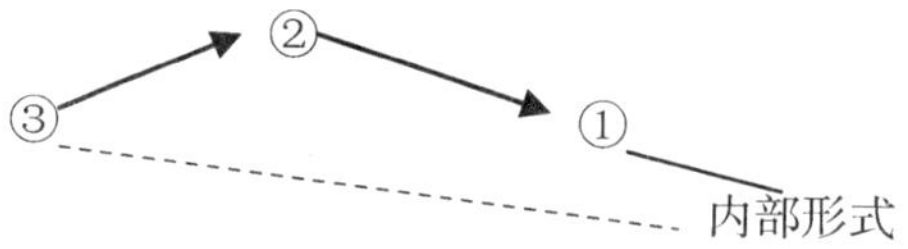

图7-2　内部形式对多个理性意义的展现之二拐式

二拐式中也存在Ⅰ型和Ⅱ型的分别。前者比如“禁锢（封建时代统治集团禁止异己的人做官或不许他们参加政治活动；关押；束缚，强力限制）”中的“束缚，强力限制”义、“开始（从头起；着手进行；开始的阶段）”中的“开始的阶段”义、“具体（细节方面很明确的；特定的；把理论或原则结合到特定的人或事物上）”中的“把理论或原则结合到特定的人或事物上”义、“绝对（没有任何条件的，不受任何限制的；只以某一条件为根据，不管其他条件的；完全，一定；最，极）”中的“最，极”义等。后者譬如“巨人（身材高大异于常人的人；童话里指比一般人高大而往往有神力的人物；比喻有巨大影响和贡献的人物）”中的“比喻有巨大影响和贡献的人物”义、“疙瘩（皮肤上突起的或肌肉上结成的硬块；小球形或块状的东西；比喻不易解决的问题）”中的“比喻不易解决的问题”义等。

C. 多拐式，需要绕过其前面三项以上的意义才能联系上展现自己的内部形式。内部形式已经变得非常隐晦，难以辨明。比如“活动”，它的全部意义是：①（肢体）动弹，运动；②动摇，不稳定；③灵活，不固定；④为达到某种目的而采取的行动；⑤钻营、说情、行贿。其中的第四个义项需要次第绕过第三、第二项意义后才能同内部形式发生关联。同样，它的第五项意义较之于第四项意义，需要绕的弯儿则还要多一层。多拐式可以用图 7－3 来标示。

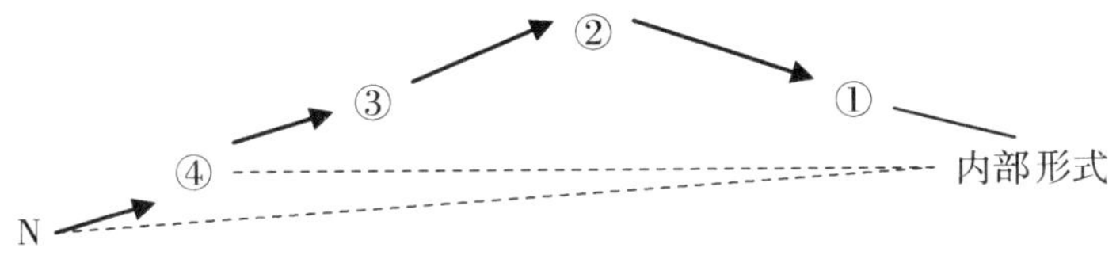

图 7－3　内部形式对多个理性意义的展现之多拐式

类似的词语还有“交通（往来通达；各种运输和邮电事业的总称；抗日战争和解放战争时期指通信和联络工作；交通员；结交，勾结）”中的“交通员”义、“肯定（承认事物的存在或事物的真实性；表示承认的，正面的；一定，无疑问；确定，明确）”中的“确定，明确”义等。不过，这种情况汉语词汇中总体上较为少见。

三、内部形式展现词语意义的主要途径

内部形式展现词语意义的途径，概括起来不外乎直现式（直指式）①、曲现式以及借现式三种。认知语言学谈到的转喻模式中，借部分代指整体被当成其中的一类。② 部分之所以能够具有代替整体的功用，是因为虽然“一般情形下，整体比部分显著（因为大比小显著）”，但是，“事物的显著度还跟人的主观因素有关，当人把注意力有意地集中到某一事物上时，一般不显著的事物也就成了显著事物”（沈家煊 1999）。内部形式在词义最初形成时关注的通常是所指对象的部分特性——或者是本质的，或者是次要的，但社会认知上对此不做区分，当主观上认为重要，它们就会被选用来作为激活整体的形式。这么看来，

①刘叔新先生用“直指”这一术语来指称类似现象。本书前文中的相关内容也一直采用这样的术语。此处为了与另两种途径“曲现式”和“借现式”相协调而改称“直现式”。

②修辞上所说的比喻自然也被包括在“隐喻”中。

内部形式展现词语意义的途径似乎都可以归入“转喻”这一类。其实，“转喻”只能用以概括词语意义展现中的部分路径而不是全部路径，用来作为词语意义的展现途径看来并不合适。

1. 直现式（直指式）

内部形式反映了所指对象中全部或部分本质特性，从其中能够直接看出它所要展现的意义，这是直现式。比如，“来客”的内部形式是“来的客人”，直接展现了“来访的客人”的意义；“好评”的内部形式是“好的评价”，它事实上就是所要表达的意义。其他的再如“脚背”“树龄”“去处”“多快好省”“少慢差费”“风和日丽”“口说无凭”“土生土长”“歪风邪气”“外强中干”“完美无缺”等。

2. 曲现式

词语的意义需要在内部形式的基础上再稍许向前做一下引申才能得到。这其中还能进一步分别出夸张式、虚指式、泛指式、专指式、婉转式及暗示式等多种不同的类型。

（1）夸张式

内部形式通过对所指对象做夸大的反映来展现词语的意义，这是夸张式。“千山万水”以“一千座山，一万条河”这样夸张的内部形式展现“道路遥远而险阻”；“一日三秋”以“一天（等于）三年”的夸张内部形式展现“思念人的心情非常迫切”。类似的还有“丧胆”“倾倒”“销魂”“一溜烟”“千锤百炼”“倾城倾国”“沉鱼落雁”“弱不禁风”“运斤成风”“万众一心”“泰山压顶”“危在旦夕”“轻于鸿毛”等。

（2）虚指式

内部形式中的数字只是对所指对象的约略说明，并非确指，这是虚指式。“百货”的内部形式是“百样货物”，它以虚化的身份——虚指多数来展现“以衣着、器皿和日用品为主的商品的总称”；“三人成虎”

中的“三”也是用来虚指多数，从而以“多人都说是老虎（最终）就成了老虎”这样的内部形式展现“谣言传播多了，就会使人信以为真”。类似例子不少，如“百姓”“百般”“千张”“八面光”“千里马”“千斤顶”“十二分”“三思而行”“三缄其口”“七情六欲”“十万八千里”“千载难逢”等。①

（3）泛指式

词语的意义通过泛指的方式展现出来。“根源”中的“根”，原本指“树根，是树生长的起点”，“源”原先指“江河的源头”，现在用来泛指一切事物发生的起点。类似的还有“黄龙”“江河”“雷锋”“白宫”“桀纣”“神州”“群英会”“娘子军”“诸葛亮”“阳春白雪”“下里巴人”等。

（4）专指式

词语的意义通过专指的方式展现出来，如“报应”，原先指种善因得善果，种恶因得恶果，现在专指种恶因得恶果。这类情形较为少见。

（5）婉转式

因忌讳而委婉说出的一些词语，如“洗手间”“例假”“有喜”“升天”“作古”“长眠”“长辞”“安息”“寿木”“寿衣”“太平间”“房事”“待业”“后进”“智障（痴呆、弱智）”“婚外恋（通奸）”“自慰”（手淫）等。

（6）暗示式

词语的意义须通过对内部形式的暗示才能领略到。比如，“瞎子点灯——白费蜡”以瞎子看不见任何东西，根本不需要点灯照明，可却在点着灯这样的情况来暗示谜底：白费蜡。如果不理解“瞎子点灯”所暗含的意义，谜底的“白费蜡”就不可能表达出来。这种情形主要

①虚指与夸张有时会重合，此处未做细致区分。

集中在歇后语里，除了“瞎子点灯——白费蜡”之外，还可以举出“出洞的老鼠——东张西望”“老鼠过街——人人喊打”“兔子尾巴——长不了”等。

3. 借现式

内部形式需要借助其他有关的物象才能将所在单位的意义展现出来，这是借现式。借助与所指对象相关的物象来展现意义，是借代式；借助与所指对象相似的物象来展现意义，是比喻式；借助某物象来象征某种意义，这是象征式；借助读音相同或相似来暗示所要表达的意义，这是谐指式。

（1）借代式

内部形式被借用来代指、展现词语的意义。比如，“巾帼”，其中的“巾”和“帼”都是古代妇女戴的头巾和发饰，现用来借指妇女。类似的例子还有“汗青”“筋骨”“花脸”“青衣”“笔墨”“唇舌”“粉黛”“风骨”“风花雪月”等。

（2）比喻式

依靠内部形式与所指对象的相似性来展现所在单位的意义。“虎狼”原指两种生性凶猛的动物，此处被借用来指与它们具有某种相似性的“凶狠残暴的人”；“熬煎”中的“熬”与“煎”原分别指烹调的两种不同方法，这儿被借用来比喻折磨。再如“阶梯”“结晶”“交卷”“园丁”“桥梁”“心脏”“剪裁”“后台”“架空”“连锅端”“半边天”“开后门”“泡蘑菇”“紧锣密鼓”“锦上添花”“近水楼台”“镜花水月”“举棋不定”“竭泽而渔”“剖腹藏珠”“过街老鼠”等。

（3）象征式

某一词语与某一意义之间本来没有什么必然的联系，但借助文化上的联想，使得某一词语与某一意义最终关联起来，并逐渐约定俗成。比如，用“红色”象征革命或政治觉悟高；用“黄色”象征腐化堕落；

用“白色”象征反动；用“绿色”象征无污染；用“灰色”象征不透明或不公开；用“红豆”象征相思；用“青松”象征坚贞不屈的革命者；用“牡丹”象征富贵荣华；用“鸿鹄”象征志向高远；等等。

（4）谐指式

歇后语的谜底是对谜面的意义揭示与解释，有些是直接的，让人容易明白，比如“和尚看嫁妆——下辈子见”“猫哭老鼠——假慈悲”等。也有不少则需要通过谐音才能实现对意义的表达，比如“孔夫子搬家——净是书”，“输”与“书”音同而转指“输”的意义。这是谐指式。这类例子还有“打架抓胡子——牵（谦）须（虚）”“韭菜炒豆腐——一青（清）二白”“耗子钻到书柜里——食（蚀）本”等。

以上所论只是内部形式展现词语意义的基本途径。

就具体的词语而言，各自用于展现意义的途径可能会千差万别，既可以采用单一的某种方式，也可以运用组合的方式，选择的余地相当大。采用“借代式＋直现式”（加·为借代式）的词语就有“红榜”“支嘴”“春心”“冬青”“败北”“笔名”“春秋笔法”“笔墨官司”等，“红榜”中的“红”借作“考中”之义；“支嘴”中的“嘴”借作“说的话”等。运用“比喻式＋直现式”（加·为比喻式）的词语有“带鱼”“壁立”“鸭舌帽”“梅花鹿”“蚕蚁”“爱河”“火海”“火箭干部”“冰炭不相容”等。

四、关于内部形式的展现度

内部形式展现词语意义的程度就是它的展现度。举凡内部形式，它们在展现词语意义时都必定存在多大程度上能够将所在单位的意义展现出来的问题，换言之，都不可避免地会牵涉到展现度。试比较“爱护”与“洪大”，前者以“热爱＋保护”这样的内部形式来展现“热爱保护”的意义，既充分又全面；后者的内部形式是“大＋大”，它仅仅展现“（声音等）大”意义中“大”的这部分，而对“声音”等意义涉及的内容则没有相应的反映。可见，“爱护”的内部形式在展现度上要高于“洪大”。

内部形式展现度的高低并不一定与它们展现意义的方式互为对应，不能简单地认为，直现式意味着内部形式的展现度高，曲现式和借现式意味着内部形式的展现度低。直现式、曲现式和借现式是就内部形式展现意义的具体方式所做的归类，它们同从内部形式展现意义的程度分明不同，谈不上事实上也无法将彼此对应起来。就内部形式展现意义的程度看，直现式中就未必没有展现度低的情形存在，而曲现式和借现式中就未必不存在展现度高的情况。比如“锦绣”，其内部形式是“精美的丝织品”，“比喻美丽或美好”的意义就是通过它来展现的，凭着它就能将所要展现的意义展现出来。类似像“锦绣”这类的借现式也无疑都表现为比较高的展现度。较之于直现式，它们内部形式的展现度只是被外表稍许遮盖了一下而已。

真正影响内部形式展现度高低的因素是词语结构项的多少以及结构项的表述方式。

词语组成的结构项越多，所指对象诸特性中得到反映的可能性就越大，用来成功“控制一片”的把握就越大，展现度就越高；反之，借以通达所指对象的特性越少，所能“控制一片”的作用力就会越弱，展现度就越低。① 这种情况通过比较指称同一对象的不同词语就能看得更为清楚。指称同一对象的不同词语，若词语结构项多少存在差别，那么，结构项较多的词语较之于其他单位，就能更清楚地将所指对象的意义展现出来。比如“点睛”与“画龙点睛”，前者的内部形式由“点”

①实际上，结构项的多少还与所指对象自身需要反映的特性多少有关。此处所论只是针对一般情形而言。

“睛”分别承担，而后者承担内部形式表达的结构项分别是“画”“龙”“点”“睛”，这样，“画龙点睛”内部形式的展现度要高于“点睛”；又如“立雪”与“程门立雪”，后者有“程门”“立”“雪”三个结构项，比前者多出一个，这就使得后者在内部形式展现度上要高于前者的“立雪”。

在结构项数量相同或大致相等的情况下，结构项的表述也会影响到内部形式的展现度。一般地，单音节的结构项表述，其展现度不如多音节结构项表述的内部形式。“获得性免疫缺损症”（爱滋病）中的结构项——“获得性”“免疫”“缺损”，都是通过两个以上的音节来表述，从而使得所在单位意义的展现比较充分。试比较“沧桑”与“沧海桑田”，它们都是双结构项，不同的是，后者的每一个结构项都用双音节来表示，这种差别致使它们在展现度上出现相当大的差别：“沧海桑田”要远高于“沧桑”。

内部形式的展现度可以区分出如下几个等次：

A. 展现度高，内部形式能完全地、独立地把所在单位的意义展现出来，词语意义只需要凭借内部形式就能推知它们自身的意义。比如：

误解

　内部形式：错误地理解。

　意义：理解得不正确。

微风

　内部形式：微小的风。

　意义：微弱的风。

排忧解难

　内部形式：排除忧愁，解决困难。

　意义：排除忧愁，解决困难。

尊师重教

内部形式：尊重老师，重视教育。

意义：尊重老师，重视教育。

骨肉

内部形式：骨头与肉。

意义：比喻紧密相连、不可分割的关系。

寄生虫

内部形式：寄生在他人身上的虫子。

意义：比喻能劳动而不劳动、依靠剥削为生的人。

狼心狗肺

内部形式：狼的心，狗的肺。

意义：比喻心肠狠毒或忘恩负义。

B. 展现度次高，内部形式只是被用于所在词语意义的直接组成，但已经不是词语意义唯一的组成部分。比如“爱国”，其内部形式是“热爱国家”，它虽然全被移用进词语意义中，但是它的意义并不仅限于这些内容——在内部形式的基础上又添加了其他的一些成分，使得它最终形成“热爱自己的国家”的意义。这样的例子还有“塌方”“推托”“粮草”“谦让”“碰杯”“多事”“头头是道”等。

C. 展现度中，这主要指那些反映所指对象一般或次要特征的内部形式，虽然依靠它们就能与所指对象联系起来，但与所要表达的意义之间却还有相当长的一段距离。典型的要算数据词语。“四害”的内部形式是“四样害虫”，它与所要展现的内容“老鼠、苍蝇、蚊子、麻雀”没有直接的关联，需要费一番努力才能推求出所要展现的意义是什么，展现度较低。再比如：

“四自”以“四个（用）‘自’（开头的词语）”来展现“自尊、自信、自立、自强”；

“三通”以“三个（用）‘通’（开头的词语）”来展现“通商、通邮、通航”；

“三高”以“三种（用）‘高’（开头的词语）”来展现“高质量、高产量、高效益”；

“三围”以“三种（用）‘围’（收尾的词语）”来展现“胸围、腰围、臀围”；

“三资企业”以“三种资本的企业”来展现“外商独资经营企业、中外合资经营企业、中外合作经营企业”。

D. 展现度次低，内部形式只能为所指对象提供某些比较微弱的线索，而所在单位的意义则需要在所提供的这些线索的基础上做更进一步的推求。这主要指一部分的人名与地名，比如“李麻子”“张六斤”“山海关”“天津”等。

有些典故的展现度像“说项”“金乌”“顶缸”“弦歌”“埋轮”“瓜代”“黍离”等，不只隐晦，而且展现意义的程度也同样十分有限。

E. 展现度低，内部形式提供出来的线索极其微弱，如“三长两短”“不三不四”“乱七八糟”“低三下四”等。

五、内部形式与所展现意义关联程度分析

内部形式展现词语意义的具体方式影响、制约着它们与所展现意义之间的关联程度。总体上，依靠直现式展现出的意义比起通过曲现式和借现式展现出的意义，前者与内部形式的关联程度较高，后者则相对较低。

1. 直现式与词语意义之间的关联状况

直现式直接反映了所指对象的实质性特点，它与词语意义的关联随着反映出来的特征的不同而存在差异。

（1）内部形式对所指对象特点做了较为全面的反映，是所谓的全指式（刘叔新 1985），比如“闭合”“来客”“难事”“策略”“南面”

"爱护""空谈""工薪阶层""反腐倡廉""老弱病残""劳逸结合""高分低能""尊师重教"等。内部形式直接转化成所在单位现实的意义，内部形式等同于词语意义。

（2）内部形式只是有选择性地、部分地反映了所指对象的特征，是所说的略指式（刘叔新 1985），其中包括单性式像"散记""碰杯""风采""盗卖"等，双性式像"列车""风筝""烙饼""灯心草"等。对于这部分，词语意义一般须在内部形式的基础上再添加一些相关的内容后才能形成。

（3）内部形式反映的所指对象的某个特征是不完整的，比如"对称"中的"称"、"扫墓"中的"扫"、"观光"中的"光"、"消毒"中的"消"等。数据词语中与数词组合在一起的成分不少都是如此，像"四化"中的"化"、"五经"中的"经"、"三自"中的"自"、"双基"中的"基"等。内部形式所能提供给词语意义的线索十分有限，而且还不怎么确定。

直现式的上述三类中，内部形式与词语意义之间的关联程度依（1）（2）（3）而顺次降低。

2. 曲现式与词语意义之间的关联状况

曲现式各类中，内部形式关联词语意义的程度可以分为以下高、中、低三个层次。

（1）关联程度高，主要包括"泛指式""专指式"这两类。

泛指式由点及面。内部形式是"点"，词语意义是"面"，两者联系紧密而且相互联系的脉络清楚。专指式则反之，但所在单位的意义同内部形式的联系却是一样的显豁。就泛指式情况而言，其中可以分出两类：一类，词语整体上都用于泛指，若"黄龙""江河""雷锋"之类；另一类，泛指只发生在词语的部分成分上，像"得陇望蜀"中的"陇""蜀"、"秦晋之好"中的"秦"与"晋"、"徐娘半老"中的"徐娘"

等。在意义的联系上，后一类要比前一类直接些。

（2）关联程度中，主要包括“夸张式”“虚指式（部分）”这两类。

词语整体上都用于夸张，这是一类情况。所在词语凭借夸张方式将它们的意义展现出来，如“销魂”“十万八千里”“倾倒”“倾城倾国”“羊肠小道”“翻江倒海”“寸步不离”“天翻地覆”“罄竹难书”等。另一类则是，词语中只有某个部分在夸张，需要通过夸张的方式与意义发生关联，其他部分都是直指的，直接同意义建立联系。比如“力透纸背”中的“力”是直指，只“透纸背”在夸张；“举世闻名”中的“闻名”是直指，而“举世”在夸张；“爆满”中的“爆”、“魔方”中的“魔”也都在夸张；等等。同意义的关联，前一种情况不如后一种情况高。

虚指式中的数字像“千”“万”“亿”等，它们因为本身表示的数目巨大而较为容易产生虚指的意义，如“千张”“千夫”“万般”“万国”“亿万”“千万”“万千”“千……万……”等，与内部形式有着较为密切的关联。至于其中的另外一类像“三”“六”“九”“十”等，它们因之于民族文化上的某些精神而用于虚指（王吉辉 1995）。与词语意义的关联上，后者要比前者更为疏远，属于关联程度低的一类。

（3）关联程度低，主要包括“婉转式”“暗示式”这两类。

婉转表达的需要决定了其内部形式不可能直接同词语的意义挂起钩来，彼此的联系曲折而含蓄。“洗手间”以“洗手用的房间”来委婉地表达出厕所的意义；“有喜”以“有喜事”这样的内部形式曲折地表示“怀孕”之意；“净桶”以“干净的桶”极其含蓄地表达“马桶”的意思；“第三者”以“（两人之外）的第三个人”来表达“姘头、情妇”或“情夫”的意义；等等。暗示式的内部形式也不直接牵连出词语的意义——需要对内部形式再做进一步的引申、推演后才能明白它与意义之间暗合着的关联。比如，“秋后的蚂蚱——长不了”虽然以“秋后的蚂蚱”作为意义展现的内部形式，但凭着它是很难理解“长不了”这一意义的，至少表面上是如此。其实，“秋后的蚂蚱”作为内部形式，它还有内含的意义：蚂蚱到了秋天，存活的时间就不多了。这样推求出“长不了”的意义就相当自然，彼此的关联也就看得一清二楚。

3. 借现式与词语意义关联状况分析

(1) 比喻式形成的内部形式存在参差的各种纷繁情形，它们同意义之间的关联也往往因此五花八门。

第一类，全喻式

①纯喻式

a 词语的内部形式通体作为一个喻体出现，并通过它来喻指所在单位的意义。其中又能分出两类不尽一致的情形。

a_1用作喻体的事物现象是现实生活中存在着的或存在过的，如“风浪”“水分”“封顶”“回潮”“骨肉”“心腹”“桃李”“走狗”“手足”“垮台”“嘴脸”“碰钉子”“翘尾巴”“大锅饭”“开绿灯”“走后门”“一针见血”“瓜熟蒂落”“一五一十”“遍地开花”“暗礁险滩”“明枪暗箭”“泰山鸿毛”“龙潭虎穴”等。

a_2参与喻体形成的对象是社会想象或综合的产物，现实世界根本不存在，如“救星”“心弦”“笑柄”“铁拳”“天涯”“海角”“应声虫”“千里眼”“顺风耳”“画蛇添足”“对牛弹琴”“水中捞月”“胸有成竹”“缘木求鱼”“盲人摸象”“刻舟求剑”等。

若从喻体具体反映本体的状况看，整个 a 类又可以区分出以下两类。设本体是甲，喻体是乙（喻体包含不止一个的，则可分别命之为乙$_1$，乙$_2$，对应着的本体也有甲$_1$，甲$_2$，等)，它们有：

甲像乙，如“风波”“饭桶”“铁饭碗”“风浪”“骨肉”“救星”“包袱”“海角”“刻舟求剑”“缘木求鱼”“兔死狗烹”等。

甲像乙$_1$像乙$_2$，而且意义指向一致，表明本体兼属的性质，比如“暗礁－险滩”“明枪－暗箭”“虾兵－蟹将”“魑魅－魍魉”等。

甲像乙$_1$像乙$_2$，但意义指向相背，比如“泰山－鸿毛”等。

b 词语的内部形式中既有喻体，同时也存在喻词。其中：

b_1喻词是“如”“似”等，标明喻体的明喻性质，如“如数家珍”“如鸟兽散”“如虎添翼”“如获至宝”“如丧考妣”“如鱼得水”“如日方升”“如牛负重”“如花似玉”“如狼似虎”“如饥似渴”等。

b_2喻词是“成”“为”等，标明喻体的隐喻性质，如“以邻为壑”“为鬼为蜮”“众志成城”“挥汗成雨”“聚蚊成雷”“人为刀俎，我为鱼肉”等。

c 词语的内部形式中本体和喻体共现，如“人山人海”“心猿意马”“米珠薪桂”“枪林弹雨”“口蜜腹剑”“名缰利锁”等。

d 词语的内部形式中本体、喻词及喻体全都出现，如“目光如豆”“巧舌如簧”“胆小如鼠”“易如反掌”“门庭若市”“口若悬河”“冷若冰霜”“固若金汤”“光阴似箭”“味同嚼蜡”“行同狗彘”等。

②借喻式，内部形式通过本义这一中介与词语意义发生关联，比如“心脏”“耳目”“荆棘”“风雨”“羽翼”“把柄”“导火线”“眉目”“包袱”“变色龙”等。

全喻式内部的两类，纯喻式无须经过中间的任何环节而直接由此及彼，可借喻式则需要绕道现实存在的本义后才能建立相互的联系，而且，“中介意义表现得越突出越阻碍词义的展现”（党静鹏 2002），与意义的关联上不及前者。而纯喻式内部，内部形式同意义的关联随着 a、b、c、d 的次序而越来越明显。再望下所分出的次类中，1 类又要比 2 类更接近所展现的意义。

第二类，半喻式①

A. 喻指成分在前（见加·部分），结构上居于所在单位的修饰语地位。其中：

a. 乙像甲（甲、乙分别代表词语中的前后两个部分），比如：

蛇瓜 杏眼 带鱼 冰糖 剑眉 砖茶 筒裙 瓜子脸 飞跑 橘红 月饼 雪白 冰冷 火热 漆黑 狗尾草 龙须面 蘑菇云 钉子户 流水作业 切肤之痛 锦绣河山 门户之见 燃眉之急

b. 乙的某一部分像甲，比如：

齿轮 剑麻 斑马 鳞伤 梅花鹿 鸭嘴笔 猫头鹰 蝴蝶结 绿豆蝇 凤尾竹 面包车 牛头刨 金钱豹 喇叭裤 眼镜蛇 鸭舌帽 燕尾服

c. 乙像甲的某一部分，比如：

柳眉 葱绿 湖绿 鹅黄 鸡黄 翠绿 笔直 笔挺 壁立 鼎立 雀跃 蛙泳 蛰居 林立 龟缩 鲸吞 蚕食 蟹黄 海口 海碗 龟裂 蛤蟆镜 罗汉豆

d. 乙的某一部分像甲的某一部分，比如：

老虎钳 孔雀石 鹦鹉螺 牛皮纸

B. 喻指成分在前，是所在单位被陈述的部分，比如：

暗箭伤人 一马当先 瑕瑜互见 黑白不分 漏洞百出 猫鼠同眠 眉目不清 鹿死谁手 龙跃凤鸣

C. 喻指成分在前，是所在单位的陈述部分，比如：

流芳后世 风靡一时

---

①确切的含义是指词语中部分成分为喻指的一类现象，这部分的成分未必一定是所在词语的一半。

D. 喻指成分在后，对所在单位中心意义起修饰、限定的作用。其中：

a. 甲像乙，比如：

蚕蚁　文山　会海　病魔　尘烟　林网　林海　法网　雨幕　浪花　云海　驴粪蛋　流星雨　关系网

b. 甲的某一部分像乙，比如：

代沟　党羽　鼻翼　地衣　棉铃　愁云　波峰　松针　舞池　碑额　车床　火舌　门鼻儿　蘑菇伞　安全岛

E. 喻指成分在后，是所在单位意义的中心，比如：

人中骐骥　拿手好戏　人中龙　一场春梦　满腹经纶　人间地狱　春兰秋菊

F. 喻指成分在后，处在所在单位被支配的地位，比如：

面有菜色　化为泡影　名列前茅　胸无城府　迷恋骸骨　饱经风霜　乱点鸳鸯　寻花问柳　攀龙附凤　藏龙卧虎

G. 喻指成分在后，处在所在单位的陈述地位，比如：

民怨沸腾　人声鼎沸　生灵涂炭　声誉鹊起　一语破的

H. 喻指成分在后，是所在单位用来补充说明的成分，比如：

名扬四海　寄人篱下　含笑九泉　玩弄于股掌之上

半喻式因为都有表示直指的成分在内，所在单位的意义由于它们的存在而能与内部形式保持清晰的脉络联系——自然，这种联系要远高于第一类全喻式内部形式与意义之间的关系。

半喻式内部各类中，喻指成分在所在单位的意义中占据什么样的地位、发挥什么样的作用，会直接影响到内部形式与所在单位意义的关联状况。一般说来，所在词语意义中心部分、所在词语中的陈述性成分、所在词语中被陈述的成分及所在词语中被支配的成分等，往往是整个词语意义理解所不可或缺的重要组成，是词语整体意义形成的基础。喻指成分如果刚好居于上述各种位置上的话，如E类、C类、G类、B类等，就意味着与词语意义的关联要弱于下面的A类、D类，因为，虽然有喻指成分，但它们都只是处于修饰语的地位，整个词语意义的核心——中心语是直指的。要知道，修饰语成分顶多只是为说明中心语而提供说明的角度或者只是对中心语所处的状态的一种描绘而已，不能主宰整个词语意义的基本状态——它是由中心语的意义来提供的。H类的喻指成分虽也仅是对其前面的成分做补充性的说明，但这种说明可视其前面成分的具体性质做出不同的分析。一种，被补充说明的成分若是所在单位意义的中心，那么，补充说明成分的缺失不会影响到词语意义的基本表达，这一点，它们与上述的A类、D类相似，可以视如A类、D类。另一种，被说明的成分不占所在单位意义的中心，不能独自承担将意义的主要内容表达出来的重任，若没有这些补充性成分的加入，所在单位的整个意义就会很不完整，比如“名扬四海”中的“名扬”仅仅表明“名声流传（出去）”，而不能反映“名声流传很广”的基本意义——它得依靠补充性成分“四海”来体现。这样一部分情况说明，H类中的有些部分因此可视如E类。

A类与D类下分的各小类中，内部形式同意义的关联程度又不完全一样，彼此之间存在的差异可以简单地用图7-4来表示：

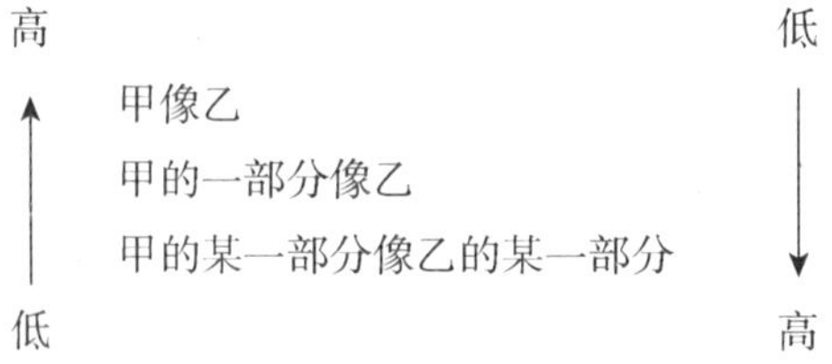

图7-4 半喻式内部形式同意义的关联程度

（2）借代式，其中可以大致区分出以下几种情形。

A类，整个词语都是作为代体出现，这当中，可根据代体与本体之间的不同关联区分出以下不同的情况：

a. 以部分代替整体，其中：

a_1. 江山　须眉　眉目　人手　红颜　之乎者也　琴棋书画

a_2. 春秋　舌头　风骚

b. 以具体代抽象，其中：

b_1. 唇舌　白眼　青眼　鳌头　玉帛　头脑　尺寸　脸面　胃口　嘴脸　虚实红领巾　柴米油盐　衣食住行　桌椅板凳

b_2. 深浅　布衣　面目　耳目

c. 以工具代事物，如：

丝竹　干戈　笔墨　墨水　针线　翰墨　口齿　口舌　菜篮子　红包　喉舌

d. 以行为、特征代事物，其中：

d_1. 巾帼　行伍　脂粉　粉黛　裙钗　烟火　裁缝　青衣　大团结

d_2. 草虫　鞍马

e. 以产地代产品，如：

龙井　茅台

B 类，词语的某个部分具有借代的功能，比如（见加 · 部分）：

不齿　齿冷　青黄不接　眼高手低　肝胆相照　挥毫　败笔　绿茵场　红头文件　归田　品萧　卖嘴　断气　碰头　碰硬　家慈　挂靴　家严

A、B 两类中，后者只是半代，因此，内部形式同意义的联系程度要高于前者。而就整个 A 类来说，a、c、d 三小类的内部形式，或者是所指对象的部分代表，或者是所指对象所凭借的工具，或者是所指对象自身表现出来的特征，比较而言，它们都是相对容易地能让社会联想起它们所要展现的意义。b 类需要借助代体推知出抽象的意义、e 类中的代体与所推知的对象之间没有任何内在的关联，它们与意义的关联程度不及前面三者。小类下面的1类和2类，主要分别在于，1类在内部形式与意义之间能直接相联，而2类则不然，内部形式需要跨过所在单位的本义才能与借代的意义发生关联。因此，与意义的关联程度，1类又要高于2类。

（3）象征式与谐指式。

象征式依靠民族文化、心理上的某种关联而借助相关的对象来表达词语的意义，被借用来表达意义的词语，内部形式同词语意义之间不存在任何的联系。要说存在联系的话，那也是文化心理上的。

谐指式同象征式的情况类似。它能分别出两类：一类，整个词语都在谐指，比如“打架抓胡子——牵（谦）须（虚）”，“谦虚”全都谐“牵须”产生；另一类，部分成分在谐指，比如“隔着窗户吹喇叭——鸣（名）声在外”，“名”谐“鸣”。整个单位都在谐指的，牵连出词语意义需要绕的弯儿很大，相互之间不太容易发生关联。而部分谐指的情况要好于前者，至少，它还有另外的一部分可以直接提示出意义。

以上，象征式与意义之间的关联最远，其次是谐指式，最后是借代式与比喻式。

第八章　内部形式与汉语词汇语义系统（下）

一、内部形式与词语意义的双向转化

1. 内部形式向词语意义的转化

内部形式作为词语意义的展现形式，它始终处于词语结构的底层，隐藏于所展现的意义的背后，绝大多数情况下不为社会所了解。但是应该看到，内部形式并未因为展现了所在单位的意义而消失，它实际上仍然存在着，保持着相对的独立性。这种独立存在的内部形式①可形成一个意义假层（刘叔新 1996），或许会为社会觉察、发现，从而将它们挖掘出来向社会推广，最终实现由内部形式向词语意义的转化。表征类内部形式重在借助具体可感的特征来曲折反映所指对象，与所要展现的意义之间需要绕弯才能建立起关联，因此保持相对独立的空间较大，它们的内部形式也因此最有可能发生这种转化。拿“领袖”来说，其内部形式是“（衣服）的领子、袖子”，虽然目前只用以展现“国家、政治

①有些词语的内部形式能成为一个独立完整的单位，如“来客”的“来的客人”、“国营”的“国家经营”、“脚踏车”的“用脚踏的车”等，而有些则不独立不完整，像“牛刀”“马刀”的“牛的刀”“马的刀”等。这儿主要对前一种情形而言。

团体、群众组织等的领导人”，但它从内部形式转化为独立的意义却并非不可能。

事实上，不少词语的意义都是通过内部形式直接转化而来。比如，“国家经营”是“国营”的内部形式，同时它又被原封不动地移用过来，成为社会用于交流的意义；“一言为定”的内部形式是“一句话就说定”，而这也正是该固定语的意义内涵。再比如“交卷”的内部形式是“交出试卷”，它一方面用于展现“完成所接受的任务”，另一方面则转化成独立的一项意义：应考的人考完交出试卷。这样的情形在汉语词语中并不少见，再比如，“交白卷”的“考生不能回答试题，把空白试卷交出去”的意义由内部形式“交出空白试卷”而来；“剪裁”的“缝制衣服时把衣料按照一定尺寸剪断裁开”的意义来源于内部形式“剪断裁开”；“架空”的“房屋、器物下面用柱子等撑住而离开地面”的意义由内部形式“架住使离开地面”而来；等等。

因此可以把内部形式当作一种潜义（王希杰 1990；1996），存在着向显义转变的可能性——社会一旦需要，它们就会从后台走向前台而成为社会使用的显义。中央电视台“正大综艺”曾推出了富有趣味性的参与性小栏目，取名“身体力行”“字里行间”。其趣味性在于，要求参与者在规定的时间内从一堆现成的字里取出有用信息并填入相应的方格，使拼装起来的字横竖都能成为现成的短语或语句。显然，“身体力行”和“字里行间”取用的都是它们的内部形式。可以预想，这些内部形式原本就有社会基础，加之又在国家级的中央电视台使用，不排除它们会被社会接受从而顺利转化成显义的可能。

周洪波（1996a；1996b）曾经对新词语包括新义进行过预测，总结归纳出新词新语新义可以被接受的几种情况。在此，我们也可以大胆预测，从内部形式转化而来的意义一般应是词语的新义而非生造义。吕冀平等（2000）在论及词语意义的规范时，认为“这种变异，有一定的积极意义，应承认它的合法地位”，“从语言发展的长远观点来看，可能是利大于弊”（171）。下面是一组词语意义预测的实例分析（意义前加＊以示分别）。

鲸吞：＊像鲸鱼一样地吞食。

金玉：＊金子和玉石。

阶梯：＊台阶和梯子。

连锅端：＊连着锅一块儿端掉。

卷铺盖：＊卷起铺盖。

宽心丸：＊使人的心放宽的药丸。

借刀杀人：＊借来刀子将人杀死。

锦上添花：＊在锦缎上面再添上一些花。

举棋不定：＊手里举着棋子却不知道应该往哪儿下。

以下是找到的几个使用上的具体例子（见加·部分）：

（1）在美国有关方面一再设路障、增警卫，加强白宫和国会等首脑机关的安全时，这位四十五岁名叫罗伯特·拉塔的中年人，竟然登堂入室，在美国总统办公的地方如入无人之境，实在令人惊讶。（《光明日报》，1985，1，31）

（2）小孙坚持自己一个人署名，不让小谌染指此桩公案，一旦追究起来，可以唯他是问，好汉做事好汉当。（京夫《雅堂》，《当代》，1987，1）

（3）……在城里读书，“寄人篱下”，最牵挂的自然是母亲。（《今晚报》，2003，3，21）

（4）虽然足球改革是大势所趋，十年以来联赛取得的一定成果也是有目共睹，但水平不高仍是一大问题。我们应切忌“扬汤止沸”，不能旧疾未去，再添新病。（《今晚报》，2003，3，28）

（5）森林部队官兵继续在一线死看死守，避免出现大风天气时死

灰复燃、再次酿成大的火灾。(《今晚报》,2003,3,31)

2. 词语意义向内部形式转化

内部形式与词语意义之间不是单向的转化,词语意义也可能向内部形式转变。王艾录等(2001)在谈到内部形式与复合词意义的关系时曾就此做出过分析,认为古人在最初创造词组的时候,词组的理性意义和内部形式是相同的或者极其接近的,例如“天子”,起初的理性意义和内部形式都是“天的儿子”。只是发展到后来,许多(不是全部)词组的原有的理性意义逐渐被新的理性意义替代。这时,原有的理性意义与新的理性意义分了家,降而成为词的内部形式(74-75)。词语意义降格成为内部形式,这是内部形式形成的来源之一。现在不少作为喻体出现的内部形式,早些时候实际上正是它们用于实际表达的意义,像“饭桶”的“盛饭用的桶”,“领袖”的“领子、袖子”,“风雷”的“风、雷”,“一五一十”的“一个五一个十(来数数)”等。

二、内部形式对词语意义的影响

内部形式展现的词语意义,逻辑上应先于内部形式出现,即社会首先在意识中形成了关于对象的某种概念之后,然后才会去考虑选择用什么样的成分来表示、标志它。很明显,词语的意义是主动的,而展现它的内部形式则是被动的,其具体的组成完全取决于词语意义的实际需要。不过,情况的另一面是,展现词语意义的内部形式一旦确定下来之后,它反过来对词语意义的变化以及以它们为基础形成的各类引申意义具有相当的规约、限制作用,从而给词语意义以深刻的影响。不过,这种影响还不至于“控制着词语的本质”(王艾录等2001:75)。

凭借一定内部形式展现出来的意义,若要发生变化,那么这种变化一般限定在词语自身内部形式所允许的范围之内,要使因变化而产生的新的意义能够受到内部形式的控制。这方面典型的例子要算“偏义复词”。偏义复词的内部形式古今没有任何变化，但原先由内部形式展现出来的意义在随后的社会演进中发生了变化，出现了所谓的偏义的特殊情形。比如，“国家”指“国”而忽略“家”，“妻子”指“妻”而忽略“子”，等等。意义的这种变动并没有超出所在单位内部形式所能控制的范围，也是可以依靠内部形式来展现的，只是仅仅需要其中的部分内容起作用就能完全将它们展现出来。类似的情形还有“窗户”偏指“窗”、“人物”偏指“人”、“图章”偏指“章”、“门户”偏指“门”、“动静”偏指“动”、“睡觉”偏指“睡”、“忘记”偏指“忘”、“质量”偏指“质”、“干净”偏指“净”等。

词语引申意义都得以先前存在的意义为基础，而展现该意义的内部形式由此可能对即将出现的意义产生影响，发生作用。内部形式对词语意义进行干预会出现以下两种不同结果。

一种是，内部形式的存在一定程度上限定了词语意义的引申，使它们产生引申意义的概率降到最低。比如，“乱民”以“作乱的老百姓”展现“（旧时统治者）指造反作乱的百姓”，但由于该内部形式明显是统治者对老百姓的一种蔑称，必然会遭到广大老百姓的唾弃，这使得试图在这样内部形式允许的范围内再引申另外的意义变得近乎不可能。又如“昏君”，其内部形式是“昏庸的君主”，它明确地指明了所指对象的独一性，因此展现的意义就相应地比较狭窄，只能指“昏庸的帝王”，至于别的什么意义就很难展现出来。

另一种是内部形式限定词语引申意义的扩展方向，就是说，引申出的各种意义都必须能同作为产生基础的意义的内部形式存在或这样或那样、或直接或间接的关联。脱离开与内部形式的联系，意义的引申就不可能在同一个词语中得到实现。比如“火候”，它的内部形式是“烧火的情况”，用它能展现出“烧火的火力大小和时间长短”的意义，也能展现出“比喻修养程度的深浅”和“比喻紧要的时机”这样的意义，但是用它却怎么也不会展现出“比喻起带头作用或领导作用的人或事物”“形容激动的心情”等意义。原因在于，任由“火候”的内部形式怎么辗转也不会辗转到它们这些意义处。关于该问题的分析可以参见第七章有关内容。

既然词语的意义是由内部形式展现出来的，社会在关注所在单位意义的同时也顺便把目光转向它们的内部形式，尤其是那些显示式的内部形式。这样一来，多半使得内部形式伴随着所展现出来的意义一并被社会所认识和理解，从而烘托已经展现出来的意义，给词语意义平添了一层特殊的意思——意味。“在内部形式所有成分或部分成分并非词的义素的情形下，对词的真实意义起着烘托作用的表层意义或其某个部分，就成为附于真实意义的一种特殊意味。”（刘叔新 1993：140）比如，“心腹”以“心脏和腹部（似的）”这一内部形式来展现“亲信的人”，同时它也凭借“心腹”的这种内部形式得到烘托，在这种情况下，“心腹”的内部形式便成了依附于“亲信的人”中的意味。这方面的实例相当多，比如：“续弦”以“接续琴弦”烘托“丧妻后再娶”；“涓滴”以“少量的水”来衬托“少量的钱或物”；“巨擘”以“大拇指”来烘托“在某一方面居于首位的人物”；“卷铺盖”以“卷起铺盖”来烘托“被解雇或辞职”；“细枝末节”以“细小的枝条琐碎的事情”来烘托“事情或问题的细小而无关紧要的部分”；“虾兵蟹将”以“像虾一样的士兵像蟹一样的将领”来烘托“不中用的兵将”；等等。

三、内部形式的变化与词语意义

1. 内部形式与词语意义地位的不均衡性导致内部形式的易变性

就任一词语结构而言，意义内容都是它们不可或缺的组成。虽然内部形式以词语意义的展现形式出现，但它们却不是词语结构构成的要素。词语符号结构的这种性质使得内部形式的存在价值要大大逊色于其所展现的意义。词语的内部形式，不论其在意义的产生过程中发生过多么大的作用，它们都只是意义用来表现自己的一种方式，具有明显的工具性质。对于意义来讲，内部形式既然是工具，则意味着并非必需，可以根据情况或者始终借用，或者先借用而后摈弃，或者摈弃后再作借用，或者干脆放弃等。词语的内部形式逻辑上就天然存在容易发生变化的因素。

此外，有两个方面的因素又加大了内部形式发生变动的可能性。一是内部形式始终居于词语结构的潜层，不常被社会接触到；二是内部形式产生于词语创造时人们对所指对象的认识活动，它一经选定便成为一个静止僵死的东西，本身具有鲜明的历史标记，属于词语产生时这一特定的历史时期，记录反映的是该时期人们的认识能力与水平。随着社会的发展和人们对所指事物认识的不断加深，内部形式遭到改变的机会不可避免地在增多（张绍麒 2000）。这么看，所谓“内部形式一旦产生，便根深蒂固地扎根于语言之中，成为‘语言化石’永远地传承下来”（王艾录等 2001：75）的意见，是有进一步分析的必要。

2. 内部形式的中断与词语的意义

内部形式脱离开所展现的意义，当今社会已经无从知晓词语意义所依凭的内部形式是什么。比如，“逍遥”中的“逍”“遥”通过指明对象中什么方面的特性而展现了“没有什么约束，自由自在”这样的意义，已经难为今人所察，而历史上它确有所凭借的内部形式——是通过“消受着，（身体）晃动着”来展现“逍遥”的意思的；“滥觞”中的“滥”义为“浮”、“觞”义为“酒杯”，内部形式为“浮起酒杯”，通过借代而表示“事物的起源”——这种内部形式已经不为社会中的大多数人所掌握。类似“逍遥”“滥觞”这样，原先的内部形式由于种种因素的干扰而致使它们脱落消失的现象，都可以归为内部形式的中断。① 内部形式中断的现象在专名词语特别是地名、人名词语中表现得尤为突出，命名之初用来展现所指对象的内部形式大都淹没在历史的长河中，地名有“宝坻”“甘肃”“苏州”“吉林”“石家庄”等，人名有“曹操”“溥仪”“诸葛亮”“钟子期”“孙中山”“毛泽东”“周恩来”“邓小平”“吕叔湘”等。

有时，词语的内部形式只是其中的部分发生中断现象，像“鲸鱼”中的“鱼”指明对象属于“鱼类”，而“鲸”表明对象的什么样的特性却不清楚；再如“芹菜”中的“芹”、“黄鳝”中的“鳝”、“榕树”中的“榕”、“肥皂”中的“皂”、“猕猴”中的“猕”、“芍药”中的“芍”、“麋鹿”中的“麋”等。

作为展现词语意义的内部形式，它的消失、中断会不会对词语意义造成影响？如前文所述，内部形式并不是词语结构构成要素，理论上，它的脱落不会损害词语的意义表达。但是，内部形式毕竟同词语意义保持着十分密切的联系，它在帮助社会理解掌握意义的过程中起到某种“助产”“催生”的作用。看来，内部形式的缺失不可能不对词语的意义产生某种影响。只是它对所展现意义的影响不是根本的，不会影响意义内容的主要方面——理性意义。受影响较大的在于词语的意味以及相关的表达色彩，因为唯有这二者同内部形式的关系非常直接：内部形式是词语意味产生的重要途径（参见本章“内部形式对词语意义的影响”），同时它还是一些表达色彩特别是形象色彩得以展现的重要平台

①关于内部形式是否中断，这当中存在判断标准的确定问题。标准不同，社会据以得出的判断结果可能会不同。内部形式若需要经过专门的历史挖掘才能为社会掌握的，一般就可以认定它们已经属于历史，它们的内部形式出现了中断。如“天津”之得名，源自“天子之渡口”，但这样的内部形式并不能从字面上获悉，更非靠常识就能解决的，它需要有关专家做出一番考证后才能找到。

（参见第七章“内部形式对词语意义的展现”）。

3. 内部形式的改变与词语的意义

内部形式除了发生中断外，还可能会发生改变。内部形式发生改变的情形大体上能概括成以下几种。

（1）内部形式从无到有。

联绵词的内部形式鲜为人们所了解，一般被当作不具有内部形式对待，然而社会中偏偏不断有人在为它们构拟内部形式。比如“犹豫”，社会给它构拟出的“内部形式”至少有三种：（1）“犹豫”本作犹舆。“犹”和“舆”是两种动物的名称。《谈徵》：“一说为犹舆，二兽名，后事而疑曰犹；先事而疑曰舆。”（2）“犹”释作狗；“豫”同“预”，引申为不定。《颜氏家训·书证》：“案《尸子》曰：‘五尺犬为犹。’《说文》云：‘陇西谓犬子为犹。’吾以为人将犬行，犬好豫在人前，待人不得，又来迎候，如此往还，至于终日，斯乃豫之所以未定也，故称犹豫。”王艾录（1995）也主张此说。（3）“犹”，即鼬（黄鼠狼）；“豫”同“预”，引申为迟疑不决。《酉阳杂俎》：“狐性多疑，鼬性多疑，狐疑鼬预，可谓兽之一短也。”再如“狼抗”，《资治通鉴·晋纪》胡三识注：狼似犬，锐头白颊，高前广后，贪而抗人，故以为喻——狂妄自大的意思。其他类似情形包括：“狼藉”解释为狼群常籍草而卧，起则践草使乱，以灭踪迹；“披靡”中的“披”解释成“分散”，“靡”解释为“倒下”；“辟易”中的“辟”认为同“避”，“躲开”的意思，“易”是“变换”“改变”之意；“琵琶”中的“琵”解释成“用手推前地弹”，“琶”理解成“用手引后地弹”；“鸳鸯”解释为雄性者为鸳，雌性者为鸯；“凤凰”解释为雄性者为凤，雌性者为凰；等等。

纯音译词只是对输出方词语的语音模仿，一般不会涉及所指对象的性质特征。随着它们在汉语社会的流传，有些音译词同样被附会上了某种内部形式。例如，胭脂是一种常用的化妆品，红色，搽在两颊或嘴唇上，也可用作国画颜料。它“本是来自西域的音译词，古书中有多种写法，如‘燕支’‘燕脂’‘烟脂’‘阏氏’‘烟支’‘焉支’等，它是当地特产的一种植物的名称”。（张绍麒2000：139）不过像《中华古今注》《正字通》等对它进行了别样的诠释。前者认为：“盖起自纣，以红蓝花汁凝作燕脂。以燕国所生，故曰燕脂。涂之作桃花妆。”后者指出：“燕脂以红蓝华汁凝脂为之，燕国所生，后人用为口脂。”再比如“琥珀”也是一个外来词，古书中又写作“虎魄”“瑚魄”“虎珀”等，王艾录（1995）则给它附会上了这样的内部形式：“琥”是“雕成虎形的玉器”，“珀”是“玉器”。

词语在被社会重新赋予内部形式之后，对所在单位理性意义产生的影响不能一概而论。词语理性意义自身存在的状况不同，受到内部形式的影响也会有所差别。

通常，重新被赋予内部形式的词语，若意义十分明确、清楚，那么受内部形式影响的可能性比较小。内部形式出现前后，所在单位的意义特别是理性意义不会发生任何明显的变动。上文中提及的“犹豫”“狼藉”“胭脂”等都属于这一类。其中的道理在于，重新赋予的内部形式总是在试图给所在单位的意义寻找较为合适的展现途径、较为信服的展现方式。一句话，它们是为解释意义服务的，而顺着意义寻获到的内部形式，显然不可能与它们的意义发生矛盾，也就更谈不上内部形式会反过来影响它们的意义问题。有必要指出，词语内部形式的重新赋予虽然影响不到所在单位的理性意义，但对词语内容的理解却还是有相当的影响。至少，内部形式的出现能让社会在理解意义的同时增添某种特别的意趣：“狼藉”仿佛使人联想起狼的乱七八糟的生活境况；“狐疑”仿佛使社会联想起狐性多疑的性格特点；等等。

词语的理性意义如果比较模糊，所指事物含混不定或为大多数人所不熟悉，那么，内部形式的出现对意义的影响往往较大，甚至有可能使所指对象发生变化（张绍麒2000）。这也难怪，所指对象不明确，社会就更容易根据词语的现时理解去把握已经丧失掉内部形式的词语，从而轻易地为它们重新创造一个内部形式，而新内部形式通常又被社会当作所指对象的展现形式，并按照它们展现出来的意义来理解词语，使得词语原先的所指意义因此发生了改变。比如，“望洋兴叹”中的“望洋”原本是联绵词，意思是“仰视貌”，也可以写作“望阳”“望羊”等，但“望洋”所表达的这种意义并不广为社会所了解掌握。现如今，一般人从“望洋”的字面意义入手，习惯上将它解释成“望着海洋”，所说的“望洋兴叹”也解释成“望着海洋发出感叹”。同样是联绵词的“凤凰”“鸳鸯”，附会上的内部形式也给它们的意义带来了变化：“凤凰”原先指传说中的鸟，称呼上并不区分雌雄，现在多理解成“雄者为凤，雌者为凰”；“鸳鸯”亦然，用来笼统地称呼一种鸟，如今则理解为“雄者为鸳，雌者为鸯”。纯粹音译的外来词也存在被附会上内部形式的可能性，这种可能性随着它们外来色彩的逐渐消失而增大。张绍麒（2000：140）曾举出过的“夜叉”就是典型的一例，作者分析道，人们大都以为“夜叉”这一鬼怪使用叉做兵器，影视及画册上出现夜叉时总是手持三股钢叉，而且它们大都是夜间活动。其实“夜叉”的本义与“叉”和“夜”都没有关系。“夜叉”，源自梵语yaksa，指能啖鬼或捷疾鬼，是佛教中所说的一种吃人恶鬼或腾飞空中、迅疾隐秘的恶鬼。进入汉语时，本为纯音译词，有“药叉”“阅叉”“夜乞叉”等多种写法。此鬼并不持叉。《里语征实》引《博异传》：“遥见一女人衣绯裙，跣足袒膊，被发而走，其疾如风……此非人，乃飞天夜叉。”这种形象与现代人心目中的夜叉是大相径庭的。

（2）内部形式从A到B。

词语的内部形式在社会的传承过程中被理解成另一内部形式并为它所取代。宋陆佃《埤雅·卷十一·释虫》：“又鼠类最寿，俗谓之老鼠是也。若老鹳、老鸱、老乌之类以‘老’称，亦如此。”“老鼠”“老鹳”“老鸱”“老乌”都是结构上的附加式，“老”的意义已经虚化①，并不反映相应对象的什么特性。陆佃不明就里，把它们统统看作偏正结构的复合词，并在此基础上为它们的内部形式另做了一番诠释。现代汉语中也会出现类似的情况，“一衣带水”就十分典型。它的结构关系原本应如图 8－1 所示。

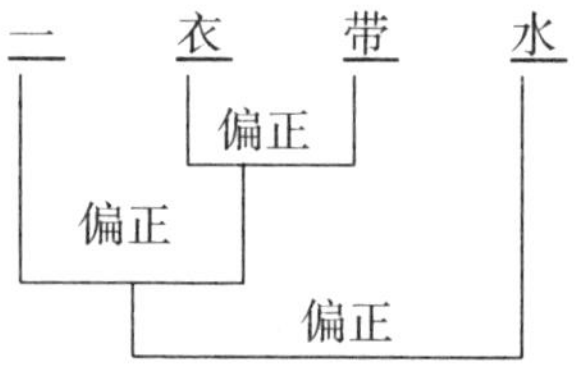

图 8－1　“一衣带水”的结构关系

基于上述结构的内部形式是：像衣带（这么宽）的河。《南史·陈本纪下》：“隋文帝谓仆射高熲曰：‘我为百姓父母，岂可限一衣带水不拯之乎?’”《旧五代史·李建及传》：“汴将贺瓌攻德胜南城，以战船十余艘，竹笮维之，扼断津路，王师不得渡……建及被重铠，执矟呼曰：‘岂有一衣带水，纵贼如此!’”

由于“2＋2 的四音节也是现代汉语里的一种重要的节奏倾向”（吕叔湘 1963），它常常将一些非 2＋2 格式的固定语类推成 2＋2 格式，“一衣带水”的内部结构由此而变动，如图 8－2 所示。

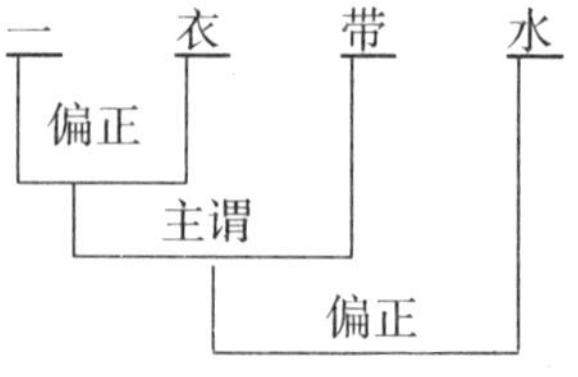

图 8－2　2＋2 格式下的“一衣带水”的内部结构

①“老”的虚化实际上早在唐代就已经完成。可参看王力（1958）《汉语史稿》。

内部形式则相应地理解成了“一件衣服上带的水”（金克木 1985）。[①]

词语内部形式的改变对所在单位意义的影响表现在以下两个方面。

①内部形式改变，所在单位的意义随之发生改变。上文已经就此做过分析，这儿只想再举一些例子来加以佐证。比如“一尘不染”，它原本为佛家用语。佛家认为：眼、耳、鼻、舌、身、意为“六根”（眼为视根、耳为听根、鼻为嗅根、舌为味根、身为触根、意为念虑根），色、声、香、味、触、法为“六尘”，“六根”与“六尘”相接，会产生种种嗜欲，导致种种烦恼，修行的人不被“六尘”所污染，叫作“六根清净，一尘不染”。《景德传灯录·三·僧那禅师》：“既不堕有无处所，则心珠独朗，常照世间，而无一尘许间隔。”可后来，其中的“尘”被曲解成“灰尘”，“一尘不染”的意思也转而被借用来指“环境非常清洁”。又比如“钩心斗角”，原来用以指宫室结构错综交叉、精巧工致。《阿房宫赋》：“五步一楼，十步一阁，廊腰缦回，簷牙高啄，各抱地势，钩心斗角。”而后人对此未加理会，径直地将字面上“（相互）勾着心，斗着角”当成它的内部形式，意义上因此变为“比喻各用心机，互相排挤”。类似这样的情形还可以列举出一些，像“破瓜”“一字师”“发扬蹈厉”“一丝不挂”“当头棒喝”“与人为善”“亦步亦趋”“文质彬彬”“出尔反尔”“空空如也”等。

②内部形式的改变引起词语意义的变化主要表现在它们的意味以及某些表达色彩方面，理性意义上没有任何的变动。对“一衣带水”内部形式的不同理解虽然不致意义上产生什么变化，但却赋予意义以不同的意味。

---

①“好为人师”的情况与此类似，结构层次的第一层应该在“好”与“为人师”之间，然而因为受汉语双音节化韵律的强烈影响，其结构则成为了“好为－人师”，只是它们的意义并未因此受到什么影响，这是与“一衣带水”最明显不同的地方。

第九章　汉语词语内部形式与社会文化背景

一、社会文化对词语内部形式的影响

词语的内部形式是词语意义最初形成时反映客观对象特点所采用的形式，它与事物对象的特征直接相关，这毫无疑问。然而，客观对象的特征可能在形状、属性、用途、材料、颜色或者声音等多个方面表现出来，人们选用所指对象的哪一特征作为内部形式的构成结构项，这一般不在于客观对象本身特点的具体情状，而在于人们所处的社会文化背景——受到民族或语言社团的认识水平、思维方式、宗教意识、心理状态、审美情趣、文化传统以及风俗习惯等的影响与制约。虽说“客观对象对各个语言社团来说大体上是相同的”，但“由此而形成的音义结合的理据性却可以有完全不同的特点，因为不同的语言社团有不同的思维方式和思维习惯，因而如何把相同的现实现象编织成语义，如何通过隐喻、换喻的方式体现语言社团的联想习惯，不同的语言社团是很不一样的”。（徐通锵 1997：291）比如，普通话中的“自行车”着眼于这种车无须凭借机械做动力而能“自己行走”；吴方言因其依靠脚踏提供动力而命之为“脚踏车”；英语中的 bicycle 则着眼于它有两个轮子而称作 bi（双）+cycle（轮子）。

下面拟以汉语词语的内部形式为例，对内部形式受社会文化影响的各种情况做更进一步的分析。

（1）以民族或社团所特有的对象作为内部形式构成的结构项，这是文化影响内部形式最为集中、最为典型的表现。比如“鼎”，古代煮东西用的器物，三足两耳，为汉族所特有。以它为构成成分形成的内部形式势必打上了很深的文化烙印，像“鼎立”“鼎足”“鼎沸”“鼎盛”“鼎鼎”“鼎足之势”“鼎鼎大名”“扛鼎拔山”“三足鼎立”“革故鼎新”“一言九鼎”等。若不了解“鼎”、不了解它在汉语社会中的意义，是很难从由它组成的内部形式中把握所要展现的意义的。类似这样的情况还有“龙”“凤”“泰山”“长江”“长城”等，以它们作为内部形式构成结构项的词语有：

龙：龙门　龙王　龙灯　龙孙　龙舟　龙袍　恐龙　卧龙　龙马精神　龙子龙孙　龙争虎斗　车水马龙　生龙活虎　画龙点睛　鱼龙混杂　降龙伏虎　望子成龙　群龙无首　成龙配套　鲤鱼跳龙门——高升

凤：凤蝶　凤冠　凤凰　凤尾鱼　凤毛麟角　百鸟朝凤　龙飞凤舞　攀龙附凤　龙吟凤鸣　龙眉凤目

泰山：泰山压顶　泰山北斗　重于泰山　泰山压卵　安若泰山　稳如泰山　鸿毛泰山

长江：长江天堑　长江大河

长城：钢铁长城　万里长城　海上长城　五言长城

（2）讳饰求雅求吉的审美心理，使社会不直接面对客观对象表现出来的诸方面特征，而多半另辟蹊径，从相关甚或相反的方面寻找表达的依据。比如，汉语中表达“死”的意思的词语不少，像“逝世”“去世”“牺牲”“谢世”“就义”“献身”“捐躯”“殉职”“阵亡”“过世”“辞世”“与世长辞”“长眠”“安息”“仙逝”“作古”“寿终正寝”等，但如上的词语，它们的内部形式全都没有直接触及“死”，如“去世”以“离开世界”委婉地表示“死”，从中明显透出审美上的避凶求吉的心理。就连与“死”相关的其他一些对象的词语也不例外，比如“太平间”“太平房”“寿具”“寿木”“寿器”“寿堂”“寿衣”“寿材”“寿穴”等。又比如，汉语社会中称女性的月经为“例假”，称怀孕为“有喜”或“见喜”，称人胖为“丰满”，称青年男女脸上长出的疙瘩为“青春痘”，称厕所为“洗手间”，称大小便为“方便”，称蛇为“长虫”，称马桶为“净桶”等，反映了社会中避俗求雅的心理。

（3）追求平衡对称、喜欢偶数的审美心理同样给汉语词语内部形式以深刻的影响。这集中表现在内部形式的结构项上。词的主要部分——复合词，其内部形式在结构项上表现出双项的特性（刘叔新1985）；成语、惯用语的结构项虽然有多种表现，但总体上以双结构项和四结构项为主（参见第五章有关分析）。①

（4）汉民族由于受传统观念的影响，形成了对客观事物的具象思维的特征，习惯于从直接感受体验出发，运用联想等思维方式进行具象化（常敬宇1995）。汉民族重具象的思维倾向，直接影响了汉语词语内部形式的组成，使得社会对有形可感的对象，比如“方桌”“圆白菜”“绿灯”“圆桌”“尖顶”“锥体”“三角眼”“独木桥”等，直接取用它们中易于被感知的特点来构成。就是对于那些抽象根本无形可感的对象，汉语社会也尽可能从直观的感受出发，用与它们相关或相似的另外的具体可感的对象间接地来反映，比如，用“婆婆”比喻“某些不明智的顶头上司”；用“桥梁”比喻“能起沟通作用的人或事物”；用“踢皮球”指“互相推诿”；用“炮筒子”比喻“爱发议论、爱提意见、心直口快的人”；用“行云流水”比喻“自然不拘束”；用“凤毛

①当然，这种情况一般不如词语音节在此方面表现得这么突出。

麟角”比喻“稀少而可贵的人或事物”；等等。

（5）汉民族重整体的认知方式对汉语词语特别是词的内部形式的构成带来相当的影响。不少词以其中一个结构项来反映所指对象所属的一个大范围的事物，以另一个结构项反映对象作为大范围事物中一个特殊部分的特征，比如：

国：山国　故国　泽国　岛国　弱国　伪国　共和国

容：愁容　玉容　怒容　病容　笑容　倦容　仪容

鸟：候鸟　益鸟　翠鸟　花鸟　害鸟　啄木鸟　阔嘴鸟

糖：白糖　砂糖　棒糖　酥糖　淀粉糖　橡皮糖

击：侧击　闪击　痛击　突击　夹击　游击　炮击

山：雪山　童山　荒山　冰山　火山　秃山　高山

病：暴病　肺病　重病　相思病　流行病　慢性病

心：灰心　耐心　诚心　疑心　焦心　祸心　邪心

二、认知的原型模式对内部形式的影响

当代认知科学领域的重要课题之一是有关语言范畴化的研究，指出“从差异性中把握相似形”（Taylor1989：ⅷ）是人类认知机制的重要机能，而所谓原型即“某范畴概念核心的图式表征”（59）。这种理论概括起来有以下几点重要论述：（1）实体的范畴化即“归类”建立在好的、清楚的样本的基础之上，然后将其他实体根据它们与这些好的、清楚的样本在某些属性上的相似性而归入该范畴即“类”。这些好的、清楚的样本就是典型（prototype），即原型，它们是非典型实体范畴化的参照点。（2）同一范畴内的成员在说话人的心目中地位并不相等，有较好的样本与较差的样本之分，成员资格有层级之分，Taylor 用梯度假设（the gradience hypothesis）对此进行了说明。较好的样本是这一范畴的典型成员，在这一范畴中占中心的位置；较差的样本是这一范畴的非

典型成员，在这一范畴中视其和典型成员的相似程度而与中心保持不同的距离。(3) 如果某一范畴的非典型成员又和其他范畴的典型成员具有一定的相似性，那么这种事物就处于两个类的边界。例如，西红柿有时可以称水果，有时又可以称蔬菜：它既不是水果这一范畴的典型成员，也不是蔬菜这一范畴的典型成员。

人类认知上的这种特性使得一个内部形式关联多个意义成为可能。互有联系的几个意义共用同一个内部形式，客观上避免了内部形式随着意义的增加而同步增加情况的出现，使语言能以简驭繁。多义词语内部形式即是其中的一个明证。而且，它们的几个意义与内部形式之间，受原型认知模式的影响也一样存在亲疏远近的差异（相关内容可分别参见第四章和第七章）。①

三、同一客观对象的不同内部形式是社会文化影响的直接结果

用不同的内部形式来指称同一客观对象，这种现象既可以存在于同一语言系统内，比如普通话中就有“马齿苋 - 长寿菜 - 麻绳菜”“煤油 - 火油 - 洋油”“甘薯 - 红薯 - 白薯 - 番薯 - 山芋 - 地瓜 - 红苕”等(周荐 1997)，也可以是不同语言系统的，比如同样的事物，普通话称为“发髻”，而湖南方言则有“巴巴头”的称呼；普通话称为“瓠瓜”的事物在湖南方言中被称作“白瓜”(罗昕如 2000)。

下面是同一对象在汉英词语内部形式构成中表现出来的几种差异情况。

(1) 反映对象的方式不同。

一种情况是，汉语词语采用直指，而英语则采用表征的方式，

①Lyons J. (1995) 提出的所谓“语义原型”，实际上是一个意义的“核心外延”(nuclear extension 或 focal extension)，是言语使用中不易发生变化的部分。与这儿讨论的内容不同。

比如：

耍威风	throw one's weight around（乱扔重物）
前灯	headlight（头灯）
忍俊不禁	keep the straight face（严肃的脸）
同意	see eye to eye with（用眼对视来看）
直截了当	straight jacket（平直的夹克）
真相大白	come to light（变亮）
夸夸其谈	hot air（热空气）
警察	boys in blue（穿蓝衣服的男孩）

另一种情况相反，汉语词语采用表征，而反映相同对象的英语词语则采用的是直指，比如：

添枝叶	stretch the point（增加点数）
敲竹杠	sharp practice（猛烈地实施）
露马脚	give oneself away（让一个人离开）
落井下石	hit sb. when he's down（当倒下时去打）
藕断丝连	apparently severed，actually still connected（表面上分开，实际上还有联系）
青出于蓝	the pupil surpasses the master（学生超过老师）
蜻蜓点水	scratch the surface（抓住表面）
随波逐流	follow the crowd（跟在众人的后面）
走马观花	skim the surface（浏览表面）

（2）虽然都采用相同的直指方式，虽然也有一些碰巧选择了对象上相同方面的特性，比如“继父”与“stepfather”、“牙刷”与“toothbrush”等，但更为普遍的情况是，不同民族常常选择各自认为重要的对象特性来构成内部形式，比如：

私房话　　pillow talk（枕边话）
护照　　passport（通过港口）
卧室　　bedroom（床室）
扶手　　armrest（手臂休息处）
长城　　the Great Wall（大墙）
床头柜　　night table（夜桌）
吹风机　　hair drier（干发器）
候诊室　　waitingroom（等待室）
零用钱　　pocketmoney（口袋里的钱）
别有用心　　accidentally on purpose（有出人意外的目的）
装腔作势　　put on an act（装出某种动作）

（3）在表征客观对象的情况下，不同民族可能会采用表之于形的相同的特征，如“替罪羊”与“scapegoat”、“草绿”与“grassgreen”、“黑板”与“blackboard”、“纸老虎”与“paper tiger”、“豆芽菜”与“string bean”等。不过，这种情形并不占主要部分，更大量的还是各有独特的内部形式。比如：

马尾辫　　pigtail（猪的尾巴）
张三李四　　Tom, Dick and Harry（汤姆、狄克与哈里）
小萝卜头　　small potatoes（小土豆）
船头　　the nose of ship（船鼻子）
寒心　　get cold feet（寒脚）
一箭双雕　　kill two birds with one stone（一块石头射杀两只鸟）
遍体鳞伤　　black and blue（黑色的和蓝色的）
拦路虎　　a lion in the way（一头狮子在路上）
对牛弹琴　　cast pearls before swine（把珍珠抛到猪的前面）

鼠目寸光　　　　not see beyond one's nose（所见超不过鼻子）

内部形式的差异源于对同一客观对象的不同理解，从中最能感受到民族或社团的文化氛围。汉语中不少饮食方面的词语像“欠火候”“夹生饭”“回炉”“炒冷饭”“炒鱿鱼”“煎熬”“大杂烩”“熏陶”“熏染”等，反映出饮食在汉族社会中的重要地位。对同一对象选用不同的颜色词语来表达，比如“黑面包—brown bread（棕色面包）”“红糖— brown sugar（棕色糖）”“紫铜—red copper（红铜）”“紫竹—black bamboo（黑竹）”“黄色电影—blue film（蓝色电影）”等，这反映出不同民族对于色彩的不同感受。再比如，同是狗，民族理解上就存在明显甚至截然相反的差异。英语社会对它很有好感，常被用来作为褒义色彩词语的构成成分，比如 a lucky dog（幸运儿）、Love me，love my dog（爱屋及乌）等，而汉语社会的理解则反之，举凡用“狗”作为结构项构成的词语像“狗熊”“走狗”“狗腿子”“狗头军师”“狗仗人势”“狗血喷头”“狗尾续貂”“蝇营狗苟”“狼心狗肺”“狗急跳墙”等，表达出的都是贬义。

主要参考文献

[1] 爱德华·萨丕尔．语言论——言语研究导论［M］．陆卓元，译．北京：商务印书馆，1985.

[2] B. A. 兹维金采夫．普通语言学纲要［M］．伍铁平，译．北京：商务印书馆，1981.

[3] 北京大学语言学教研室．语言学名词解释［Z］．北京：商务印书馆，1960.

[4] 贝尼季托·克罗齐．作为表现的科学和一般语言学的美学的历史［M］．王天清，译．北京：中国社会科学出版社，1984.

[5] 布龙菲尔德．语言论［M］．袁家骅，等，译．北京：商务印书馆，1980.

[6] 曹炜．汉语词义的显性理据和潜性理据［J］．沈阳师范学院学报，1994（2）.

[7] 曹炜．现代汉语词义学［M］．上海：学林出版社，2001.

[8] 常敬宇．汉语词汇与文化［M］．北京：北京大学出版社，1995.

[9] 陈光磊．汉语词法论［M］．上海：学林出版社，1994.

[10] 陈建民．汉语词语的文化内涵［C］//庆祝中国社会科学院

语言研究所建所45周年学术论文集．北京：商务印书馆，1997.

［11］陈原．社会语言学［M］．上海：学林出版社，1983.

［12］陈章太，等．世纪之交的中国应用语言学研究［M］．北京：华语教学出版社，1999.

［13］程荣．试谈词语缩略［J］．语文建设，1992（7）．

［14］楮亚平．地名学论稿［M］．北京：高等教育出版社，1985.

［15］崔复爰．现代汉语构词法例解［Z］．济南：山东人民出版社，1957.

［16］Cruse，D. A. *Lexical Semantics*［M］. Cambridge：Cambridge University Press，1986.

［17］党静鹏．现代汉语复合词的内部形式［D］．硕士学位论文油印本，2001.

［18］党静鹏．汉语复合词内部形式与词义之间关联的考察［C］//语言学论辑：第4辑．天津：南开大学出版社，2002.

［19］邓炎昌，刘润清．语言与文化［M］．北京：外语教学与研究出版社，1998.

Eve Sweetser. *From Etymology to Pragmatics*［M］. Cambridge：Cambridge University Press，1990.

［20］范可育．从“生词熟字说”看词义和构词语素义的关系［J］．语言文字应用，1993（1）．

［21］费尔迪南·德·索绪尔．普通语言学教程［M］．高名凯，译．北京：商务印书馆，1980.

［22］冯志伟．现代语言学流派［M］．西安：陕西人民出版社，1987.

［23］符淮青．现代汉语词汇［M］．北京：北京大学出版社，1985.

［24］符淮青．词义的分析和描写［M］．北京：语文出版社，1996.

［25］付有杰．词的理据性及其文化涵义［J］．齐齐哈尔师范学院学报，1997（6）．

［26］高名凯，等．现代汉语外来词研究［M］．北京：文字改革出版社，1958.

［27］高名凯．语言论［M］．北京：商务印书馆，1995.

［28］葛本仪．论汉语合成词形成的有理性［C］//词汇学新研究——首届全国现代汉语词汇学术讨论会论文选集．北京：语文出版社，1995.

［29］葛本仪．汉语词汇论［M］．济南：山东大学出版社，1997.

［30］桂诗春．心理语言学［M］．上海：上海教育出版社，1985.

［31］郭良夫．词汇［M］．北京：商务印书馆，1985.

［32］郭良夫．词汇与词典［M］．北京：商务印书馆，1990.

［33］哈特曼（R. R. K. Hartmann），斯托克（F. C. Stork）．语言与语言学词典［Z］，黄长著，等，译．上海：上海辞书出版社，1981.

［34］韩慧言．汉语复音词实际义与字面义的关系［J］．古汉语研究，1991（2）．

［35］何九盈．中国古代语言学史［M］．郑州：河南人民出版社，1995.

［36］黑格尔．小逻辑［M］．贺麟，译．北京：商务印书馆，1981.

［37］洪笃仁．词是什么［M］．上海：新知识出版社，1957.

［38］贾彦德．语义学导论［M］．北京：北京大学出版社，1986.

［39］贾彦德．汉语语义学［M］．北京：北京大学出版社，1992.

［40］蒋冀骋，吴福祥．近代汉语纲要［M］．长沙：湖南教育出

版社，1997.

［41］杰费里·利奇．语义学［M］．李瑞华，等，译．上海：上海外语教育出版社，1987.

［42］金克木．“歧义语法”小引［J］．江淮论坛，1985（1）．

［43］З. В. 库兹涅佐娃．俄语词汇学［M］．倪波，等，译．上海：上海外语教育出版社，1988.

［44］李葆嘉．荀子的王者制名论与约定俗成说［J］．徐州师范学院学报，1986（4）．

［45］李葆嘉．论语言符号的可论证性、论证模式及其价值［J］．江苏教育学院学报，1994a（2）．

［46］李葆嘉．论索绪尔符号任意性原则的失误与复归［J］．语言文字应用，1994b（3）．

［47］李如龙．汉语地名学论稿［M］．上海：上海教育出版社，1998.

［48］李杏华．《世说新语》双音复合词内部形式反映对象特征类分．古汉语研究［J］.1996（3）．

［49］李行健，等．新词新语词典［Z］．北京：语文出版社，1989.

［50］李行健．语文学习新论［J］．西安：陕西人民教育出版社，1997.

［51］李秀琴．法语词汇学概述［M］．北京：外语教育与研究出版社，1985.

［52］梁守锵．法语词汇学［M］．北京：商务印书馆，1964.

［53］梁蓉华，邢苏月．论英汉词语的理据性［J］．西南民族学院学报，2000，21（5）．

［54］辽宁省地名委员会，辽宁省地名学研究会．地名学研究：第

1辑［M］．沈阳：辽宁人民出版社，1984.

［55］廖秋忠．《语言的范畴化：语言学理论中的典型》评介［J］．国外语言学，1991（4）．

［56］刘光炜．美国成语探源［M］．天津：天津教育出版社，1999.

［57］刘慧娟，郑谭毅，李志白．东北市县沿革及地名由来［M］．长春：长春市图书馆，1984.

［58］刘洁修．汉语成语考释词典［Z］．北京：商务印书馆，1989.

［59］刘叔新．词汇学和词典学问题研究［M］．天津：天津人民出版社，1984.

［60］刘叔新．汉语复合词的内部形式的特点与类别［J］．中国语文，1985（3）．

［61］刘叔新．汉语描写词汇学［M］．北京：商务印书馆，1990.

［62］刘叔新．刘叔新自选集［M］．郑州：河南教育出版社，1993a.

［63］刘叔新．语义学和词汇学问题新探［M］．天津：天津人民出版社，1993b.

［64］刘叔新．语法和词汇中的意义真假层［C］//中国社会科学院语言研究所建立四十周年纪念文集．天津：南开大学出版社，1996.

［65］刘叔新．现代汉语理论教程［Z］．北京：高等教育出版社，2002.

［66］刘晓红．结构词汇学导论［M］．北京：新星出版社，2002a.

［67］刘晓红．理论词汇学［M］．北京：新星出版社，2002b.

［68］刘一玲．当代汉语简缩语词典［Z］．成都：四川人民出版

社，1998.

［69］刘哲．谈“理据”［J］．解放军外国语学院学报，2000，23（4）．

［70］陆国强．现代英语词汇学［M］．上海：上海外语教育出版社，1983.

［71］陆宗达，王宁．训诂与训诂学［M］．太原：山西教育出版社，1994.

［72］吕冀平，戴昭铭．当前我国语言文字的规范化问题［M］．上海：上海教育出版社，2000.

［73］吕叔湘．现代汉语单双音节问题初探［J］．中国语文，1963（1）．

［74］吕叔湘．语文常谈［M］．北京：生活·读书·新知三联书店，1964.

［75］吕叔湘．汉语语法论文集［C］．北京：商务印书馆，1979.

［76］罗常培．语言与文化［M］．北京：语文出版社，1989.

［77］罗昕如．湖南方言词语的构词理据及文化内涵研究［J］．语言研究，2000（2）．

［78］L. R. 帕默尔．语言学概论［M］．李荣，译．北京：商务印书馆，1983.

［79］Lambert，E. & Oeu. M. *The book of Place - names*，New York：N. Y，1959.

［80］Lyons，J. *Semantics*，Cambridge：Cambridge University Press，1977.

［81］Lyons. J. 语义学引论［M］．北京：外语教学与研究出版社，2000.

［82］马庆株．拟声词研究［C］//语言研究论丛：第4辑．天津：

南开大学出版社，1987.

［83］马庆株．现代汉语词缀的性质、范围和分类［J］．中国语言学报，1995（6）．

［84］马庆株．敬辞、谦辞和詈辞［C］．语言学论辑：第2辑．北京：北京语言学院出版社，1996.

［85］马庆株．关于缩略语及其构成方式［C］．语言研究论丛：第5辑．天津：南开大学出版社，1988.

［86］马庆株．著名中年语言学家自选集·马庆株卷［C］．合肥：安徽教育出版社，2002.

［87］马清华．文化语义学［M］．南昌：江西人民出版社，2000.

［88］［意］马西尼．现代汉语词汇的形成——十九世纪汉语外来词研究［M］．黄河清，译．上海：汉语大词典出版社，1997.

［89］梅立崇．从汉民族具象思维的角度对汉语进行审视．世界汉语教学［J］．1992（3）．

［90］倪波，顾柏林．俄语语义学［M］．上海：上海外语教育出版社，1995.

［91］О. Л. 叶尔码科娃，Е. А. 泽姆斯卡娅．构词法和词的内部形式的比较研究．语言文学论集（三）［C］．1987.

［92］P. A. 布达哥夫．语言学概论［M］．合肥：时代出版社，1956.

［93］裴文．现代英语语义学［M］．南京：南京大学出版社，2001.

［94］皮埃特·H·斯沃涅波埃尔．语言理据性及其在词典编纂中之应用（上）．李蕴真，译［J］．辞书研究，1995（6）．

［95］皮埃特·H·斯沃涅波埃尔．语言理据性及其在词典编纂中之应用（下）．李蕴真，译［J］．辞书研究，1996（1）．

[96] Palmer, L. R. *Semantics*, London: Penguin Books, 1976.

[97] 钱近. 说“脚”构词语系列及其文化内涵 [J]. 语文月刊, 1996 (4).

[98] 乔利奥·C. 莱普斯基. 结构语言学通论 [M]. 北京: 中国社会科学出版社, 1986.

[99] 任继昉. 汉语语源学 [M]. 重庆: 重庆出版社, 1992.

[100] Room, A. *Place names of the world*, Melbourne. 1974

[101] 沈家煊. 迅递与认知的相关性 [J]. 外语教学与研究, 1983 (3).

[102] 沈家煊. 转指和转喻 [J]. 当代语言学, 1999 (1).

[103] 沈孟璎. 新词·新语·新义 [M]. 福州: 福建教育出版社, 1987.

[104] 沈孟璎. 成语与新四字格 [J]. 现代文秘, 1994 (9).

[105] 沈孟璎. 关于新词语词义表面化倾向的考察 [J]. 语言文字应用, 1995 (4).

[106] 石安石. 语言符号的任意性和可论证性 [J]. 语文研究, 1989 (4).

[107] 石安石. 语义研究 [M]. 北京: 语文出版社, 1994.

[108] 石毓智. 语法的形式和理据 [M]. 南昌: 江西教育出版社, 2001.

[109] 史东. 简明古汉语词典 [Z]. 昆明: 云南人民出版社, 1985.

[110] 史有为. 异文化的使者: 外来词 [M]. 长春: 吉林教育出版社, 1991.

[111] 束定芳. 现代语义学 [M]. 上海: 上海外语教育出版社, 2001.

[112] 苏宝荣. 词的表层"所指义"与深层"隐喻义" [J]. 河北师范大学学报, 1987 (2).

[113] 苏宝荣. 词义研究与辞书释义 [M]. 北京: 商务印书馆, 2000.

[114] 苏新春. 汉语词义学 [M]. 广州: 广东教育出版社, 1992.

[115] 苏新春. 当代中国词汇学 [M]. 广州: 广东教育出版社, 1995.

[116] 孙常叙. 汉语词汇 [M]. 长春: 吉林人民出版社, 1957.

[117] 孙力平. 应当如何理解语言符号的任意性 (论语言符号是任意性和理据性的统一) [J] ·语言文字学, 1987 (4).

[118] 孙力平. 必然和已然, 任意与论证 [J]. 中国语言学报, 1999 (9).

[119] 孙维张. 汉语熟语学 [M]. 长春: 吉林教育出版社, 1989.

[120] 田恒金. 浅析词语理据的文化性 [J]. 汉字文化, 2001 (3).

[121] 佟慧君. 常用同素反序词辨析 [M]. 长沙: 湖南人民出版社, 1983.

[122] Taylor, J. *Linguistics Categorization: Prototypes in Linguistics Theory* [M]. Oxford: Claradon Press, 1989.

[123] Ullmann, Stephen. *Semantics: An Introduction to the Science of Meaning* [M]. Oxford: Basil Blackwell., 1962.

[124] 汪榕培. 英语词汇学研究 [M]. 上海: 上海外语教育出版社, 2000.

[125] 王艾录. 琐说汉语词的理据 [J]. 山西大学学报, 1994

（4）.

［126］王艾录. 汉语理据词典［Z］. 北京：北京语言学院出版社，1995.

［127］王艾录. 外来词的内部形式倾向［J］. 世界汉语教学，1998（3）.

［128］王艾录. 现代汉语词名探源词典［Z］. 太原：山西人民出版社，2000.

［129］王艾录，司富珍. 汉语的语词理据［M］. 北京：商务印书馆，2001.

［130］王艾录，司富珍. 语言理据研究［M］. 北京：中国社会科学出版社，2002.

［131］王吉辉. 词语中数字的意义研究［C］. 词汇学新研究——首届全国现代汉语词汇学术讨论会论文选集. 北京：语文出版社，1995.

［132］王吉辉. 非汉字词语研究. 南京师大学报［J］.1996a（2）.

［133］王吉辉. 论术语与汉民族共同语词汇的关系［C］. 语言学论辑：第2辑. 北京：北京语言学院出版社，1996b.

［134］王吉辉. 意义的双层性及其在成语、惯用语划分中的具体运用［J］. 南开学报，1998（4）.

［135］王吉辉. 字母词语的外来词语性质分析［J］. 汉语学习，1999（6）.

［136］王吉辉. 现代汉语缩略词语研究［M］. 天津：天津人民出版社，2001a.

［137］王吉辉. 词汇学丛稿［C］. 北京：中央文献出版社，2001b.

[138] 王力．汉语史稿［M］．北京：科学出版社，1958.

[139] 王均熙．现代汉语略语词典［Z］．上海：文汇出版社，1998.

[140] 王魁京，那须雅之．现代汉语缩略语词典［Z］．北京：商务印书馆，1996.

[141] 王宁．现代汉语双音合成词的构词理据与古今汉语的沟通［C］．庆祝中国社会科学院语言研究所建所45周年学术论文集．北京：商务印书馆，1997.

[142] 王宁．训诂学与汉语双音词的结构和意义［J］．语言教学与研究，1997（4）.

[143] 王勤，武占坤．现代汉语词汇概要［M］．呼和浩特：内蒙古人民出版社，1983.

[144] 王绍新．谈汉语复合词内部的语义构成［J］．语言教学与研究，1987（3）.

[145] 王士元．语言的探索［M］．石锋，等，译．北京：北京语言文化大学出版社，2000.

[146] 王士元．王士元语言学论文集［C］．北京：商务印书馆，2002.

[147] 王希杰．论潜词和潜义［J］．河南大学学报，1990（2）.

[148] 王希杰．修辞学通论［M］．南京：南京大学出版社，1996.

[149] 王占馥．境况语义学导论［M］．福州：福建人民出版社，2000.

[150] 王振昆．词汇的规范化与词的内部形式［J］．汉语学习，1983（4）.

[151] 威廉·冯·洪堡特．论人类语言结构的差异及其对人类精

神发展的影响［M］．姚小平，译．北京：商务印书馆，1997.

［152］维多利亚·弗罗姆金，罗伯特·罗德曼．语言导论［M］．沈家煊，译．北京：北京语言学院出版社，1994.

［153］伍谦光．语义学导论［M］．长沙：湖南教育出版社，1988.

［154］伍铁平．论词义、词的客观所指和构词理据——语义学中命名理论的一章［J］．现代外语，1994（1）．

［155］邢福义．文化语言学［M］．武汉：湖北教育出版社，1990.

［156］邢公畹．现代汉语教程［Z］．天津：南开大学出版社，1992.

［157］徐烈炯．语义学［M］．北京：语文出版社，1990.

［158］徐青．词汇漫谈［M］．杭州：浙江人民出版社，1983.

［159］徐通锵．语言论——语义型语言的结构原理和研究方法［M］．长春：东北师范大学出版社，1997.

［160］徐世荣．双音节词的音量分析［J］．语言教学与研究，1982（2）．

［161］许德楠．实用词汇学［M］．北京：燕山出版社，1990.

［162］许高渝．俄汉词语理据比较［J］．外语与外语教学，1997（1）．

［163］许光烈．汉语词的理据及其基本类型［J］．内蒙古民族师院学报，1994（1）．

［164］许国璋．论语言和语言学［M］．北京：商务印书馆，2001.

［165］许威汉．汉语词汇学引论［M］．北京：商务印书馆，1992.

[166] 许威汉. 二十世纪的汉语词汇学 [M]. 太原: 书海出版社, 2000.

[167] 薛恩奎. 模式联想思维与词汇语义理据 [J]. 外语学刊, 2000 (3).

[168] 严辰松. 语言理据研究 [J]. 解放军外国语学院学报, 第23卷. 2000 (6).

[169] 杨成凯. Fillmore 的格语法理论 [J]. 国外语言学, 1986 (1、2、3).

[170] 殷寄明. 汉语语源义初探 [M]. 上海: 学林出版社, 1998.

[171] 游汝杰. 中国文化语言学引论 [M]. 北京: 高等教育出版社, 1993.

[172] 袁晖. 新编古今汉语词典 [Z]. 太原: 山西人民出版社, 1994.

[173] 袁毓林. 词类范畴的家族相似形 [J]. 中国社会科学, 1995 (1).

[174] 约瑟夫·房德里耶斯. 语言 [M]. 岑麒祥, 叶蜚声, 译. 北京: 商务印书馆, 1992.

[175] 詹人凤. 现代汉语语义学 [M]. 北京: 商务印书馆, 1997.

[176] 张德鑫. 中外语言文化漫议 [M]. 北京: 华语教学出版社, 1996.

[177] 张敏. 认知语言学与汉语名词短语 [M]. 北京: 中国社会科学出版社, 1998.

[178] 张乔. 模糊语义学 [M]. 北京: 中国社会科学出版社, 1998.

[179] 张清常. 北京街巷名称史话 [M]. 北京: 北京语言文化大学出版社, 1997.

[180] 张绍麒. 汉语流俗词源与词典释义刍议 [J]. 辞书研究, 1989 (3).

[181] 张绍麒. 语词符号结构探索 [M]. 济南: 山东教育出版社, 1992.

[182] 张绍麒. 汉语流俗词源研究 [M]. 北京: 语文出版社, 2000.

[183] 张伟. 法语词的理据探析 [J]. 四川外语学院学报, 2000, 16 (2).

[184] 张永言. 关于词的"内部形式" [J]. 语言研究, 1981 (1).

[185] 张永言. 词汇学简论 [M]. 武汉: 华中工学院出版社, 1982.

[186] 张志毅, 张庆云. 词和词典 [M]. 北京: 中国广播电视出版社, 1994.

[187] 张志毅, 张庆云. 词汇语义学 [M]. 北京: 商务印书馆, 2001.

[188] 张志毅. 词的理据 [J]. 语言教学与研究, 1990 (3).

[189] 中国民间文艺出版社资料室 北京大学中文系资料室. 歇后语大全: 第 1-4 册 [Z]. 北京: 中国民间文艺出版社, 1987.

[190] 中国社会科学院语言研究所词典编辑室. 现代汉语词典 (修订本). 北京: 商务印书馆, 1996.

[191] 周光庆. 成语内部形式论 [J]. 华中师范大学学报, 1994 (5).

[192] 周洪波. 新词语中潜义的显义化 [J]. 汉语学习, 1996a

(1).

[193] 周洪波. 新词语的预测 [J]. 语文建设，1996b (2).

[194] 周荐. 词语的意义和结构 [M]. 天津：天津古籍出版社，1994.

[195] 周荐. 异名同实词语研究 [J]. 中国语文，1997 (4).

[196] 朱星. 汉语词义简析 [M]. 武汉：湖北教育出版社，1985.

[197] 戚雨村，等. 语言学百科词典 [Z]. 上海：上海辞书出版社，1993.

[198] 邹玉华. 论词的内部形式与社会文化 [J]. 解放军外语学院学报，1995a (5).

[199] 邹玉华. 试论词的内部形式及其文化价值 [J]. 湘潭师范学院学报，1995b (5).

跋

《现代汉语词语内部形式研究》是一篇博士学位论文，写于2003年4月。该著原计划2004年由北京大学出版社出版，但很遗憾的是，由于种种阴差阳错，最终还是不了了之了。

该著的成书时间距离现在有些年头了，但思量着它对内部形式的研究仍然有些许的帮助作用，这是决意把它拿出来与大家分享的重要原因。

借着这个机会，我想特别感谢语文出版社原社长李行健研究员、厦门大学文学院李如龙教授、《语文研究》编辑部的温端政研究员、华中师大周光庆教授、烟台师范学院（现在的鲁东大学）张绍麒教授等。论文酝酿及写作期间，曾在2002年5月召开的全国词汇学会议（石家庄）期间，就论文的相关问题向他们专门请教过。先生们精到的点拨给我以很大启发，对进一步完善论文的写作思路帮助很大。这个时候，我不禁更加怀念已经故去的张志毅教授。石家庄会议期间，我也曾多次向先生请教。张先生无私指教、大力提携后学的举动着实让人印象深刻，令人感念不已。

本书的“序”是业师刘叔新教授2004年写的，收录于先生的《序跋杂综》（百通（香港）出版社，2007年）。“序”还在，可人已去。

值本书出版之际，我特地把先生之前为本书撰写的“序”原封不动地移录于此（包括落笔的时间等），以表示对先生的纪念和怀念。

这次出版，只是对写作体例、格式等方面做了微小的调整，其他部分基本未做改动。

王吉辉

2018 年 11 月